Sabine Karpf

Kurzreferat und Präsentation

Methodentraining für den Deutschunterricht am Gymnasium

Die Autorin

Sabine Karpf hat nach ihrem Deutsch- und Englischstudium in österreichischen, englischen und französischen Schulen und Universitäten unterrichtet und arbeitet aktuell an einer Gesamtschule in Hessen.

Die Herausgeber:

Marco Bettner – Rektor als Ausbildungsleiter für Mathematik und Informatik, Referent in der Lehrerfortbildung, zahlreiche Veröffentlichungen

Dr. Erik Dinges – Rektor an einer Schule, Referent in der Lehrerfortbildung, zahlreiche Veröffentlichungen

Für Helene

Gedruckt auf umweltbewusst gefertigtem, chlorfrei gebleichtem und alterungsbeständigem Papier.

1. Auflage 2012
© Persen Verlag, Buxtehude
AAP Lehrerfachverlage GmbH
Alle Rechte vorbehalten.

Das Werk als Ganzes sowie in seinen Teilen unterliegt dem deutschen Urheberrecht. Der Erwerber des Werkes ist berechtigt, das Werk als Ganzes oder in seinen Teilen für den eigenen Gebrauch und den Einsatz im Unterricht zu nutzen. Die Nutzung ist nur für den genannten Zweck gestattet, nicht jedoch für einen weiteren kommerziellen Gebrauch, für die Weiterleitung an Dritte oder für die Veröffentlichung im Internet oder in Intranets. Eine über den genannten Zweck hinausgehende Nutzung bedarf in jedem Fall der vorherigen schriftlichen Zustimmung des Verlages.

Cover: © pressmaster – Fotolia.com
Grafik: Sven Lehmkuhl
Satz: Satzpunkt Ursula Ewert GmbH, Bayreuth

ISBN 978-3-403-23175-2

www.persen.de

Inhaltsverzeichnis

Vorwort 4
Hinweise zu einzelnen Seiten 5
Selbsteinschätzungsbogen 7
Verhalten der Zuhörer 8

Vorbereitung

Informationen sammeln 9
Texte erschließen 11
Ein Thema entwirren – Mindmaps 13
Auswählen 14
Gliederung 15
Aufbau versprachlichen 16
Notizen für den Vortrag 17
Ideen für Anschauungsmaterial – Kleine Gerätekunde 18
Tipps für die Herstellung von visuellem Material 19

Nonverbales Verhalten

Blickkontakt – Sprechgeschwindigkeit 20
Körperhaltung – Lautstärke – Mimik und Gestik 21
Mimik- und Gestik-Training 22

Vortragstraining

Wirkungsvoll vortragen – Wortgeschichte 23
Mündliches Erzählen 24
Eine Puzzle-Mindmap vorstellen – Schaut mal, das bin ich! 25
Sich vorstellen 26
Mein Lieblingsbuch – Ein Lied vorstellen 28
Demonstration – Kochshow 29
Spontane Kurzvorträge 30
Lobreden – Grabreden 31

Kurzreferat

Was ist ein Referat? 32
Talkshow 33
Leben und Wirken von … 34
    Karteikarten zu „Leben und Wirken von Homer Simpson" 35
    Leben und Wirken von Homer Simpson (ausgearbeiteter Text) 36
Buchbesprechung 37
    Auswählen am Beispiel „Tintenwelt" 38
    Cornelia Funkes „Tintenwelt" – Trilogie (ausgearbeiteter Text) 39
Bewertungsbögen „Referat" 41

Präsentation

Was ist eine Präsentation? 44
Produktpräsentation 45
    Karteikarten zu „3D-Drucker für den Hausgebrauch" 46
    3D-Drucker für den Hausgebrauch (ausgearbeiteter Text) 47
„Meine Lieblingsstadt" / „Meine Heimatstadt" 49
Auswählen am Beispiel „Meine Heimatstadt" 50
    Meine Heimatstadt (ausgearbeiteter Text) 51
Bewertungsbögen „Präsentation" 53

Lösungsteil 57

Bildquellenverzeichnis 59

Vorwort

Gut vortragen zu können ist heute eine wichtige Voraussetzung für beruflichen Erfolg. Wer überzeugend präsentieren und interessant referieren kann, ist in vielen Situationen im Vorteil. Folglich sollten diese Fähigkeiten möglichst viel geübt werden. Das vorliegende Buch soll dafür Anregungen und Hilfestellungen bieten und dazu beitragen, dass diese wichtigen Voraussetzungen im Deutschunterricht häufiger geübt werden und nicht neben der Fülle der anderen Inhalte ein eher bescheidenes Dasein fristen. Frei sprechen zu können wird der Mehrheit von Schülern[1] im Leben nützlich sein und es ist meines Erachtens dringend notwendig, dem Sprechen im Unterricht mehr Bedeutung zuzumessen und die Angst davor zu nehmen. Der vorliegende Band bietet viele Ideen, wie relativ zeitsparend eine vielfältige Anzahl von Schülern das Sprechen vor einer Gruppe üben kann. Die vielfältige Auswahl soll sicherstellen, dass sich für jede Schülergruppe und jede Lehrerpersönlichkeit etwas Passendes finden lässt. Sehr häufig wurden den Beschreibungen der Aktivitäten auch Beispiele zur Seite gestellt, sodass gute Ergebnisse erzielt werden können.

Das Buch gliedert sich grundsätzlich in 2 Teile: Im vorderen, allgemeinen Teil werden alle Aspekte eines Vortrags – von der Vorbereitung, über die Gliederung bis zur Kunst des guten Vortragens an sich – erklärt und durch praktische Übungen vertieft. Im hinteren Teil werden dann zwei häufige Arten des Vortrages, nämlich das Referat und die Präsentation näher beleuchtet. Es gibt jeweils zwei vollständig ausgeführte Musterbeispiele zu jeder Art und dazu passende Aktivitäten, sodass die Schüler endlich eine konkrete Vorstellung von dem bekommen, was von ihnen bei Vorträgen erwartet wird. Weiterhin wird hier mithilfe einer klar durchstrukturierten Bewertungsaktivität das übliche passive und oft desinteressierte Verhalten der Zuhörer beendet und ein fruchtbarer Austausch innerhalb der Gruppe initiiert. Nicht der Lehrer kritisiert und korrigiert, sondern die Schüler selbst, die so lernen, die Wirkung eines Vortrages zu durchleuchten und die einzelnen Faktoren, die den Gesamteindruck bestimmen, beim eigenen Vortrag zu optimieren.

Das Buch ist für die Klassen 5–7 konzipiert, soll also über mehrere Jahre verwendet werden. Die Idee ist, nicht einmal in der Unterstufe eine groß angelegte Vortragsreihe zu starten, sondern immer wieder die eine oder andere Aktivität zu verwenden. Manches lässt sich auch mit anderen Themen, wie zum Beispiel mit dem Erlernen des Erörterns und Argumentierens, verbinden (siehe z. B. unter: Informationen sammeln, Texte erschließen, Mindmaps, Gliederung, Aufbau versprachlichen, Mindmap auf Zuruf). Nonverbales Verhalten kann gemeinsam mit Gesprächstraining analysiert werden. Gutes Vortragen sollte wiederholt mit kleineren Aktivitäten geübt werden (siehe Vortragstraining), bevor das erste Mal ein richtiges Referat oder eine Präsentation gehalten wird. Dann sollten sich gute bis sehr gute Ergebnisse fast wie von selbst ergeben und öde „Referatsstunden" der Vergangenheit angehören.

Ein zentrales Anliegen beim Entwerfen der Aktivitäten und Beispiele war die Motivation der Schüler. Das Ganze soll Spaß bereiten und interessant sein, denn dann wird es von vornherein besser laufen. Mit jedem positiven Vortrags-Erlebnis verringert sich die Angst vor dem Publikum, verbessert sich das Selbstvertrauen und gewinnt das freie Sprechen an Natürlichkeit. Allzu oft eilt Vorträgen der Ruf der Langweiligkeit voraus und Referate werden als Strafe an unaufmerksame Schüler vergeben, was entsprechende Ergebnisse nach sich zieht und zu einer negativen Wahrnehmung der Vortragssituation bei Sprechenden und Zuhörenden gleichermaßen führt. Diese Entwicklung zu unterbinden, ist Ziel meines Buches.

In diesem Sinne: viel Spaß!

---

[1] Aus Gründen der besseren Lesbarkeit beschränken wir uns im Text auf die männliche Form. Selbstverständlich sind alle Schülerinnen und Lehrerinnen immer mit eingeschlossen.

Hinweise zu einzelnen Seiten

Seite 7 – Selbsteinschätzungsbogen

Der Fragebogen lässt sich flexibel einsetzen. Jeder kann ihn zunächst für sich ausfüllen, bevor die Thematik in einer Kleingruppe bearbeitet wird oder man im Plenum eine Statistik erstellt bzw. eine Klassendiskussion darüber führt. Man kann davon ausgehend eine Mindmap zum Thema „Was macht einen guten Vortrag aus?" erarbeiten.

Seite 8 – Verhalten der Zuhörer

Dies ist eine Partneraktivität, bei der die Schüler am eigenen Leib erleben sollen, wie unangenehm Unaufmerksamkeit des Publikums sein kann. Nach dem Rollenspiel sollen die Schüler ihre Gefühle während der Aktivität beschreiben und im Plenum diskutieren. Das führt automatisch zu einer Art Verhaltenskodex während der Vorträge. Sie müssen vorher für Partner A und Partner B die jeweiligen Arbeitsblattteile ausschneiden und jedem 2er-Team einen Teil geben.

Seite 9 ff. – Informationen sammeln & Texte erschließen

Die Anleitungen zum Erarbeiten von Sachtexten lassen sich anhand des Textes „Recherche im Internet" durchspielen, sind aber so gestaltet, dass sie auch mit einem beliebigen anderen Text verwendet werden können. „Recherche im Internet" ist verhältnismäßig anspruchsvoll.

Seite 13 – Themen entwirren – Mindmaps

Die Aktivität „Mindmap auf Zuruf" eignet sich sehr gut, um eine Erörterung vorzubereiten, oder in ein neues Thema einzusteigen.

Seite 24 – Mündliches Erzählen

Bei großen Gruppen kann man eine Geschichte auch von 2 oder 3 Schülern gemeinsam erfinden lassen, es sollte aber trotzdem jeder zumindest einen Teil einer Geschichte erzählen. Dies lässt sich auch gut mit der Ausgangssituation verbinden.

Zum Beispiel wird ein altes Ehepaar interviewt und der Mann fällt der Frau ins Wort, weil sie ihm zu langweilig/sachlich unrichtig o. ä. erzählt. Dabei können die Jugendlichen auch verschiedene Erzählstile schauspielerisch darstellen. Insgesamt nimmt die Aktivität ein wenig von der Nervosität, vor der großen Gruppe zu sprechen, weil alle drankommen. Setzen Sie eventuell das Erfinden einer Geschichte als Hausaufgabe, dann ist das Ganze weniger zeitintensiv.

Seite 25 – Eine Puzzle-Mindmap vorstellen

Eine Erweiterung der Aufgabe und Vorentlastung der Vorträge kann erreicht werden, wenn vor der Vorstellungsphase gemeinsam Sprechhilfen erstellt werden, die für die Verbalisierung der Schlüsselwörter verwendet werden können. Diese sammelt man am besten auf einer Overhead-Folie, da sie so während der Vorträge zur Verfügung stehen.

Seite 26 f. – Sich vorstellen

Diese Aktivität eignet sich auch als unaufwendiger Ice-Breaker, der den Vorteil hat, dass man gleich zu Beginn des Jahres, wenn es noch etwas ruhiger ist, Präsentationen üben kann. Die unangenehmen und langweiligen Vorstellungsrunden in neu zusammengestellten Klassen können auf diese Art und Weise produktiv umgesetzt werden.

Seite 34 – Leben und Wirken von ...

Die Karteikarten und das ausgeführte Referat sollten zusammen bearbeitet werden, um zu zeigen, wie die Vorbereitung verlaufen kann. Man kann vergleichen, wie die Stichworte ausformuliert wurden, sich bessere Varianten überlegen, die Karteikarten eventuell noch mehr kürzen etc. Für das Thema „Leben und Wirken von ..." ist das Beispiel zwar wenig typisch, dafür motivierender. Darauf sollte man die Schüler allerdings aufmerksam machen. Es muss nicht Homer Simpson sein, auch über einen Nachbarn oder – klassisch – über Mutter Teresa kann man ein interessantes Portrait gestalten.

Hinweise zu einzelnen Seiten

Seite 37 – Buchbesprechung

Die Stoffsammlung zum Thema und der ausgeführte Text sollen aufzeigen, wie stark man auswählen muss, um ein Referat nicht zu überladen.

Seite 34 – Cornelia Funkes „Tintenwelt"-Trilogie

Dadurch, dass es sich hier um drei Bände handelt, ist die Inhaltsangabe relativ lang. Es ist daher ratsam, die Schüler darauf hinzuweisen, wie kurz die Inhaltsangaben zu den einzelnen Büchern sind, um der oft anzutreffenden Tendenz, den genauen Handlungsverlauf wiederzugeben, vorzubeugen.

Seite 41 ff. – Bewertungsbögen „Referat"

Die Bewertungsbögen sollten den Schülern vor dem ersten Referat gezeigt und besprochen werden, damit sie sich auch der Kriterien bewusst sind, nach denen ihre Darbietung bewertet wird. Während der bzw. im Anschluss an die Referate sollen kleine Gruppen von Schülern die Bögen bearbeiten. Es ist günstig, wenn jeder Schüler zunächst einen eigenen Bogen erhält und sich so während des Referats Notizen machen kann. Dann sollten sich die Schüler mit den jeweils gleichen Bögen in einer oder zwei Gruppen zusammenfinden und sich über ihre Eindrücke austauschen. Ein Sprecher kann dann die Bewertung kurz für die Klasse bzw. den Referenten zusammenfassen. Der Vorteil dieses Vorgehens ist, dass alle Schüler während des Referats eine Aufgabe haben und so aufmerksamer zuhören werden, und dass eine relativ ausgewogene Bewertung von den Schülern selbst vorgenommen wird.
Tipp: Die Teilaspekte jeweils auf unterschiedlich farbiges Papier kopieren.

Seite 45 ff. – Produktpräsentation

Die Karteikarten zur Produktpräsentation und der ausgeführte Text sollten zusammen bearbeitet werden, um zu zeigen, wie man sich vorbereiten sollte. Man kann vergleichen, wie die Stichworte ausformuliert wurden, sich bessere Varianten überlegen, die Karteikarten eventuell noch mehr kürzen etc.

Seite 49 ff. – Meine Lieblingsstadt/Meine Heimatstadt

Eine Musterpräsentation zum Thema „Meine Heimatstadt". Diese Aktivität eignet sich besonders gut für Gymnasien auf dem Land mit großen Einzugsgebieten, da dann viele verschiedene Orte vorgestellt werden. In großen Städten wäre es sinnvoll, einzelne Unterkapitel, wie „Kultur", „Sehenswürdigkeiten" oder Ähnliches als Präsentationsthemen zu vergeben, oder mehr auf Lieblingsstädte zu setzen.
Im Vergleich zur Stoffsammlung kann man sehen, wie man eine Auswahl für eine sinnvolle Kurzpräsentation treffen kann.

Seite 53 ff. – Bewertungsbögen

Die Bewertungsbögen sollten vor der ersten Präsentation den Schülern gezeigt und besprochen werden, damit sie sich auch der Kriterien bewusst sind, nach denen ihre Darbietung bewertet wird. Während der bzw. im Anschluss an die Präsentationen sollen kleine Gruppen von Schülern die Bögen bearbeiten. Es ist günstig, wenn jeder Schüler zunächst einen eigenen Bogen erhält und sich so während der Präsentation Notizen machen kann. Dann sollten sich die Schüler mit den jeweils gleichen Bögen in einer oder zwei Gruppen zusammenfinden und sich über ihre Eindrücke austauschen. Ein Sprecher kann dann die Bewertung kurz für die Klasse bzw. den Referenten zusammenfassen. Der Vorteil dieses Vorgehens ist, dass alle Schüler während der Präsentation eine Aufgabe haben und so aufmerksamer zuhören werden und dass eine relativ ausgewogene Bewertung von den Schülern selbst vorgenommen wird.
Tipp: Die Teilaspekte jeweils auf unterschiedlich farbiges Papier kopieren.

Selbsteinschätzungsbogen

Wann hast du einen Vortrag gehört? (Denke nicht nur an die Schule, sondern an Feiern, öffentliche Veranstaltungen, politische Versammlungen etc.)

_____

_____

_____

Welche Vorträge hast du gut gefunden und warum? Was war daran gut?

_____

_____

_____

Welche Vorträge hast du in schlechter Erinnerung? Was hat dir nicht gefallen?

_____

_____

_____

Hast du schon einmal vor einer größeren Gruppe gesprochen? Wie war das?

_____

_____

_____

Freust du dich darauf, vor der Klasse zu sprechen? Warum (nicht)?

_____

_____

_____

Glaubst du, dass du einen interessanten Vortrag vorbereiten kannst? Warum (nicht)?

_____

_____

_____

Glaubst du, dass du den Vortrag überzeugend präsentieren kannst? Warum (nicht)?

_____

_____

_____

Verhalten der Zuhörer

Partner A:

Erzähle deinem Partner von einer deiner letzten Unterrichtsstunden und beobachte, wie seine Reaktion auf dich wirkt.

🅐 Schreibe kurz auf, wie du dich gefühlt hast:

_____

_____

_____

Partner B:

🅐 Du ziehst eine Zuhörerrolle und versuchst, sie möglichst realistisch zu spielen.

Zuhörerrollen:

Du hörst aufmerksam zu und hältst Blickkontakt.

Du spielst mit dem Handy.

Du beobachtest die Lehrkraft.

Du kritzelst auf ein Blatt, suchst aber immer wieder Blickkontakt.

Du wirkst interessiert und stellst Fragen.

Du wendest dich anderen Schülern zu.

Informationen sammeln (1)

A Woher könntest du Informationen für ein Referat oder eine Präsentation bekommen?

- _____
- _____
- _____
- _____
- _____
- _____
- _____
- _____

Recherche im Internet

Die wohl wichtigste, leicht zugängliche Informationsquelle heutzutage ist das Internet. Hast du schon einmal etwas im Internet gesucht und dabei feststellen müssen, dass es gar nicht so einfach ist, in der Fülle der vorhandenen Informationen das Richtige zu finden? Selbst gute Suchmaschinen wie „Google" muss man richtig einsetzen, um das Optimum aus der Recherche herauszuholen. Im Folgenden findest du ein paar Tipps, die dich zu einer Profi-Spürnase machen.

Das Wichtigste bei jeder Suche im Internet ist die Generierung relevanter Suchbegriffe. Ad-hoc-Suchen können schon zum Erfolg führen, sehr wahrscheinlich ist das aber nicht. Viel häufiger findet man nicht genau das, was man möchte und gibt irgendwann frustriert auf. Deshalb ist es schlauer und zeitsparender, sich zuerst mit einem Blatt Papier hinzusetzen und eine kleine Stoffsammlung anzulegen. Fragen wie „Was ist mein Thema?", „Was gehört zu diesem Thema dazu?" oder „Welche Stichwörter passen zu den einzelnen Bereichen?" helfen, das Thema besser einzugrenzen.

Beim Eingeben der so gefundenen Begriffe sollte man beachten, dass man nicht zu allgemein bleibt. So wird die Suche nach „Fahrrad" alles Mögliche zu Tage fördern: Fahrradclubs und Fahrradhändler beispielsweise, aber kaum das, was man in seinem Referat besprechen möchte – eine Auflistung der Arten von Fahrrädern oder die Geschichte des Fahrrades etwa. Hier muss man Konkreteres eingeben, beziehungsweise 2 oder 3 Begriffe für eine Suche verwenden: „Geschichte" und „Fahrrad" oder verwandte Begriffe wie „Entwicklung" sind hier hilfreich. Außer bei „Google" musst du der Suchmaschine aber sagen, dass beide Begriffe in dem Dokument erscheinen müssen. Dazu musst du vom normalen Suchmodus (Simple Search) in die Profi-Suche (Advanced/Power Search) wechseln.

Informationen sammeln (2)

Generell gilt: Je genauer man der Suchmaschine erklärt, was man sucht, umso besser sind die Ergebnisse. Anstatt nur eine Suchmaschine wie „AltaVista", „Fireball" oder eben „Google" zu Rate zu ziehen, kannst du auch eine Metasuchmaschine, die gleichzeitig in mehreren Suchmaschinen operiert, verwenden. Für den deutschsprachigen Raum liefert MetaGer die besten Ergebnisse.

Eine weitere Möglichkeit zum Ausprobieren ist, den Suchbegriff direkt in der Adresszeile des Browers in der Form www.suchbegriff.de einzugeben. Hier stößt man öfter auf interessante Seiten. Auf „wikipedia" hast du ebenfalls gute Chancen deinen Begriff zu finden und zumeist bietet die Seite gute und ausführliche Informationen.

Wenn du nun eine Seite ermittelt hast, die relevante Informationen verspricht, muss man diese oft erst aufspüren. STRG+F ist die Tastenkombination, die das gerade aktive Browserfenster nach dem Wort durchsucht, das man in ein Suchfenster eingibt.

Zwei weitere Dinge solltest du bei deiner Internet-Recherche beachten:

Erstens kann jeder in das Internet Texte einstellen und niemand überprüft sie. Nicht alle Informationen, die du im Internet findest, sind also richtig. Oft ist es hilfreich, mehrere Seiten anzusehen und die gefundenen Angaben zu vergleichen. Wenn sie übereinstimmen, kann man davon ausgehen, dass sie stimmen.

Zweitens können zu fast allen Themen fertige Referatstexte im Internet gefunden werden. Es spricht nichts dagegen, diese zu lesen und sich so Anregungen zu holen. Was du aber nicht darfst, ist Sätze wortwörtlich abschreiben, ohne diese als wörtliches Zitat mit Anführungszeichen zu kennzeichnen, oder gar einen ganzen Text bzw. Textteil zu übernehmen und als deinen eigenen ausgeben. Auch leicht umformulierte Texte/Textteile ohne Quellenangabe sind Plagiate. Das ist Diebstahl geistigen Eigentums und eine Urheberrechtsverletzung.

Nun steht deiner Internet-Recherche nichts mehr im Wege!

Quellen: cs.baeumle.com/pub/1999a/effibas1999.pdf
wiki.rpi-virtuell.net/index.php/Internetrecherche_(Methoden)

Texte erschließen (1)

Manchmal kann es sehr schwierig sein, einen Sachtext zu verstehen bzw. daraus die Informationen herauszulesen, die du dann für deinen Vortrag einsetzen kannst. Deswegen kannst du das anhand des folgenden Schemas zunächst einmal üben.

1. Unbekannte Wörter klären

Enthält der Text Wörter, die du nicht kennst, und deren Bedeutung du aus dem Zusammenhang nicht herausfinden kannst, musst du sie in einem Wörterbuch nachschlagen.

Schreibe unbekannte Wörter und ihre Bedeutung hier auf:

_____
_____
_____
_____

2. Textabschnitte suchen

Ein Sachtext ist normalerweise in Absätze gegliedert. Versuche zu jedem Absatz eine Art Überschrift zu finden und festzustellen, worum es darin geht. Anhand dieser Überschriften siehst du, welche Absätze zusammengehören und wie viele und welche Textabschnitte es gibt.

Abschnitte

Absatz 1: _____
Absatz 2: _____ _____
Absatz 3: _____
Absatz 4: _____ _____
Absatz 5: _____
Absatz 6: _____ _____
Absatz 7: _____
Absatz 8: _____ _____

3. Fragen stellen

Versuche folgende Fragen zu beantworten:

Was ist das Thema des Textes?

_____

Finden sich in dem Text Meinungen/Behauptungen, die dann begründet werden, oder geht es nur um die Darstellung von Fakten? Es ist wichtig zu erkennen, was nur eine Behauptung des Autors – wenn auch begründet – ist, und was ein Fakt ist, denn Meinungen muss man nicht unbedingt teilen.

Texte erschließen (2)

Notiere mögliche Behauptungen stichwortartig:

___
___
___

Welche Beispiele und/oder Begründungen werden angeführt?

___
___
___

Welche Fakten behandelt der Text?

___
___
___
___

4. Kernaussagen/Wichtiges unterstreichen

[A] Suche 3 bis 5 Sätze/Satzteile in dem Text, die – für sich alleine gelesen – deiner Meinung nach die wichtigsten Ideen des Textes ansprechen.

Schreibe sie hier verkürzt auf:

___
___
___

5. Auffällige Sätze untersuchen

In dem Text gibt es ein paar Sätze, die du noch immer nicht hundertprozentig verstehst? Oder Aussagen, die dir aus irgendeinem Grund seltsam erscheinen? Lies die Sätze (und eventuell die Sätze direkt davor und danach) noch einmal genau durch und überlege, wie sie gemeint sein könnten. Wenn du noch immer Probleme mit dem Verständnis hast, solltest du jemanden um Hilfe fragen. Zu zweit lässt sich oft leichter die richtige Erklärung finden.

Thema entwirren – Mindmaps

Hat man nun ein Thema recherchiert und alles Wissenswerte darüber zusammengetragen, sollte man es danach in einzelne Bereiche untergliedern. Dies lässt sich sehr schön mit der Erstellung von Mindmaps erreichen.

Eine Mindmap hilft dabei, sich in ein Thema zu vertiefen, einen Überblick zu gewinnen und es klar zu strukturieren. Man verwendet dafür am besten weißes, unliniertes A4-Papier im Querformat. Ausgangspunkt ist eine bildhafte Darstellung des Themas im Zentrum des Blattes. Das Zeichnen eines Bildes führt dazu, dass man sich konzentriert und auf das Thema einstellt. Von dieser Zeichnung führen dicke Hauptäste und in weiterer Folge dünnere Nebenäste in verschiedenen Farben weg, die die einzelnen Unterbegriffe darstellen. Diese sollten möglichst auch mit Illustrationen versehen werden, da dies die Mindmap besonders einprägsam macht. Das ist vor allem dann ein Vorteil, wenn eine Mindmap als Unterlage für den Vortrag dienen soll.

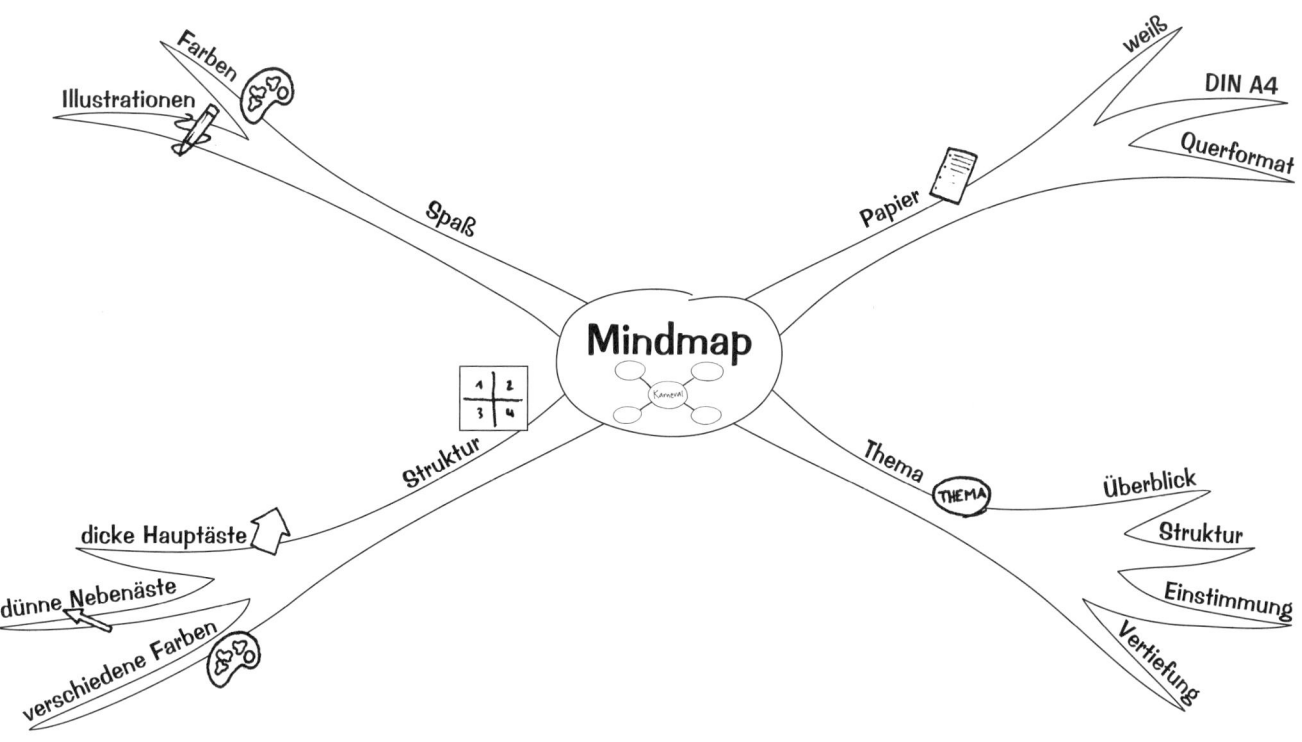

Aktivitäten:

- Male die vier Hauptäste in verschiedenen Farben aus.

- Ein Text wie z. B. „Recherche im Internet" kann auch in Form einer Mindmap bearbeitet werden.

- Erarbeite zu deinem Thema eine Mindmap mit passenden Illustrationen und stelle sie einem Mitschüler kurz vor. Dieser präsentiert deine Mindmap dann in deiner Gegenwart einer weiteren Person. So kannst du sehen, was an deiner Mindmap gut verständlich und interessant war, und wo es vielleicht Probleme gab. Diese kannst du bei deinem Vortrag dann vermeiden.

Auswählen

Sobald du einen guten Überblick über dein Thema hast, kommt ein ganz wichtiger Schritt: die Auswahl. Es ist fast immer unmöglich, alles zu einem Thema in einem fünfminütigen Vortrag zu präsentieren und es ergibt wenig Sinn, dies zu versuchen. Man überlädt dann die fünf Minuten mit Information und am Ende wissen die Zuhörer kaum etwas über das Thema, weil sie sich so vieles auf einmal nicht merken können. Viel besser ist es, ein paar Aspekte auszuwählen und diese genau zu erläutern, Beispiele und Anschauungsmaterial mitzubringen, sodass die Zuhörer weniger Informationen haben, sie dafür aber verarbeiten und sich merken können.

A Welche Aspekte würdest du bei folgendem Thema gerne hören? Wähle 3 aus:

> **Fahrrad**
> Geschichte, Arten von Fahrrädern, Mountain Biking, Trekking, Teile eines Fahrrads, Fahrrad in der Stadt, Verletzungen, Freeride, Icebiking, Fahrradclubs, Radtouren, Transportfahrräder, BMX, Fahrradrennen, Umweltschutz, Spezialausstattung, Triathlon, Sicherheit, Gesundheit

A Nach welchen Kriterien hast du ausgewählt?

- _____
- _____
- _____

Die wichtigste Frage, die du dir stellen solltest, ist: „Was würde ich gerne zu dem Thema hören?". Gerade beim Kurzreferat und Kurzvortrag kann die Vollständigkeit nicht im Vordergrund stehen, da hierfür die Zeit fehlt. Betrachte deinen Vortrag eher als einen Appetitanreger, der auf das Thema neugierig machen soll. Was du selbst an dem Thema faszinierend findest, sollte im Zentrum stehen.

> Kernfragen:
>
> Was finde ich an dem Thema interessant?
> An wen richtet sich mein Auftritt? Was findet mein Publikum eventuell interessant?
> Warum präsentiere ich dieses Thema? Was möchte ich damit erreichen?
>
> Nun wähle deine Aspekte aus. Höchstens drei sollten es für eine kurze Darstellung sein. Weitere Fragen könnten sein:
>
> Welche Informationen sind für das Verständnis unbedingt nötig?
> Wie kann ich Interesse wecken?
> Welche Effekte kann ich erzielen? Welche Geräte bzw. welches Anschauungsmaterial habe ich zur Verfügung?

Gliederung

🅰 Versuche den grundlegenden Aufbau eines kurzen mündlichen Vortrags anhand des Gerüsts und der unten angegebenen Teile zu rekonstruieren:

A. _____

_____

_____

B. _____

_____

_____

_____

_____

_____

_____

_____

C. _____

_____

---

1. Unterpunkt / Erläuterung / Beispiele / Hauptteil / Einleitung / kurze Darlegung des Themas / Schluss / etwas, das die Aufmerksamkeit des Publikums gewinnt, z. B: eine Anekdote / 3. Unterpunkt / Erläuterung / Beispiele / 2. Unterpunkt / Zusammenfassung / Erläuterung / Beispiele

Aufbau versprachlichen

Einleitung

Es sollte etwas vorgetragen werden, das die Aufmerksamkeit der Zuhörer erregt und sie neugierig auf den kommenden Vortrag macht. Hier gibt es diverse Möglichkeiten:

- eine Frage stellen, die im Laufe des Vortrages beantwortet wird;
- eine Szene schildern (z. B. könnte ein Vortrag über Armut so beginnen: „Ein kleines Mädchen wühlt in den großen Mülltonnen hinter einem Supermarkt …")

Es sollte auch ein kurzer Ausblick auf die Unterpunkte des Vortrages gegeben werden, denn dieser Überblick erleichtert dem Publikum das Zuhören („Ich werde über folgende Aspekte sprechen.").

Hauptteil

Der Hauptteil besteht aus drei Unterpunkten, die jeweils näher erklärt und eventuell mit Beispielen beschrieben werden.

Um den Zuhörern die Orientierung zu erleichtern, sollte man den Aufbau sprachlich deutlich machen. Das Publikum soll genau wissen, wo es sich im Vortrag befindet. Wörter, wie „zuerst, als erstes, zunächst …" kennzeichnen den ersten Unterpunkt. Für den zweiten Punkt bieten sich Wendungen, wie „als zweites/nächstes, Ich komme nun zum zweiten Punkt, etc." an. Um Punkt 3 einzuleiten, kann man sagen „zu guter Letzt, als dritten Punkt, als drittes/letztes etc.".

Schluss

Der Schluss soll den Vortrag zusammenfassen und zu einem Abschluss bringen. Am besten wirkt es, wenn man auf die Einleitung nochmal Bezug nimmt. So könnte der oben erwähnte Vortrag zum Thema „Armut" beispielsweise so enden: „Für uns machen alle diese Maßnahmen keinen großen Unterschied, aber für das kleine Mädchen hinter dem Supermarkt sehr wohl …"

[A] Auf was musst du achten, wenn du den Aufbau versprachlichen willst?
Fasse dies stichwortartig zusammen.

Notizen für den Vortrag

Am sichersten spricht man frei, wenn man nicht ablesen kann. Daher ist es viel besser mithilfe von Stichwörtern vorzutragen und nicht mit einem ausformulierten Manuskript. Außerdem kann man so die Zeile nicht verlieren. Es gibt verschiedene Möglichkeiten, solche Notizen zu gestalten. Wichtig ist, dass sie immer übersichtlich bleiben.

Es ist günstiger, nicht ein großes A4-Blatt zu verwenden, sondern mehrere kleinformatige Papiere, da man immer wieder eines ablegen kann und sich so leichter zurechtfindet. Karteikarten eignen sich sehr gut, weil sie kleiner und dicker als Papier sind und sich besser in der Hand halten lassen.

Eine beliebte Methode ist, einfach die Gliederung nachzubauen und für jeden Punkt eine Karteikarte zu verwenden. Das ergäbe für unsere Mustergliederung fünf Karten (Einleitung, drei Unterpunkte, Schlussteil). Man kann nun einfach ein paar Unterpunkte und Stichwörter darauf anordnen oder eine Mindmap darauf zeichnen. Farben lassen sich in jedem Fall gut einsetzen, um die Orientierung zu erleichtern. Je nach Gliederungsart kann man Quer- oder Längsformate verwenden. Sehr hilfreich ist es, auf den Karten an entsprechender Stelle zu vermerken, wann man Anschauungsmaterial oder eine neue Folie zeigen will. Zu leicht wird das sonst in der Aufregung vergessen.

Beispiel für eine Karteikarte mit Mind-Map: Beispiel für eine Karteikarte:

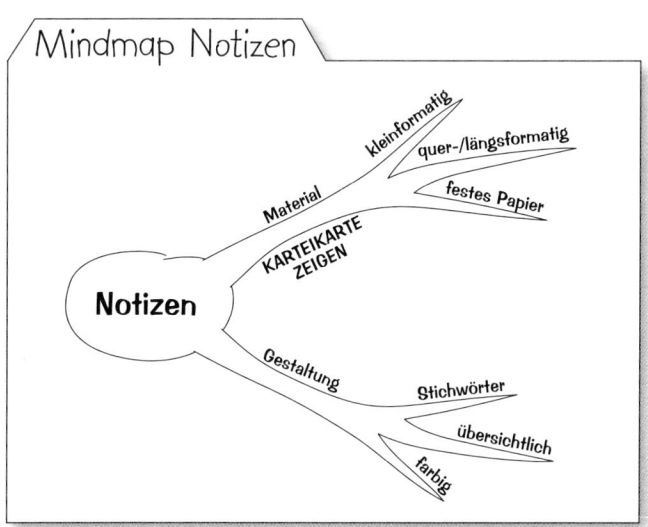

Ideen für Anschauungsmaterial

In unserer visuellen Gesellschaft ist es immer von Vorteil, Gesagtes durch Bild, Ton oder Objekte zu unterstützen. Man sollte also nie ohne zumindest ein bis maximal fünf optisch ansprechende Materialien sprechen. Ein konkretes Objekt zum Anschauen/Angreifen ist natürlich sehr schön, es gibt aber auch noch andere Möglichkeiten der visuellen Unterstützung.

 Was setzt man am besten wofür ein? Verbinde (Mehrfachnennungen möglich).

um eine Entwicklung/Veränderung zu zeigen	Plakat/Poster
für Tabellen/Diagramme	OHP-Folie
um etwas aufzuschreiben	Power-Point-Folie
um einen kurzen Ausschnitt vorzuspielen/Eindruck zu geben	Tafel
wenn man den Zuhörern etwas mitgeben möchte	Handout/Thesenpapier
wenn man etwas vor den Augen aller skizzieren will	Tonaufnahmen
um Bilder zu zeigen	Video/DVD
um einen Überblick über das Ganze/einen Aspekt zu geben	

Kleine Gerätekunde

 Was brauchst du an Ausrüstung im Raum, um folgende Geräte verwenden zu können?

OHP-Projektor: _____

Power-Point: _____

Fernseher, MP3-Player etc.: _____

Achtung!

Die Geräte immer zuerst einmal ausprobieren!

Zeit geben zum Lesen/Anschauen – die Zuhörer können nicht gleichzeitig etwas Neues betrachten und zuhören!

Nie den OHP etc. die ganze Zeit über anlassen – das lenkt zu sehr ab!

Tipps für die Herstellung von visuellem Material

Visuelles Material soll euren Vortrag unterstützen und nicht von ihm ablenken. Die folgenden Hinweise sollen euch davor bewahren, in typische Anfänger-Fallen zu tappen.
Ordnet die Hinweise den Bildern zu!

richtig   **falsch**

- nur wenige Stichpunkte, nicht zu viel Text, große Schrift
- übersichtliche Gestaltung, grafische Elemente verwenden
- rund um den Text viel Platz lassen, nicht bis an den Rand beschriften (durch die Projektion wird sonst häufig etwas abgeschnitten)
- das Wichtigste hervorheben
- Platz interessant unterteilen

Sabine Karpf: Kurzreferat und Präsentation
© Persen Verlag

Blickkontakt

Damit dein Publikum das Gefühl hat, dass du mit ihm sprechen willst, musst du es ansehen.
In der Klasse gibt es dabei besonders viele Klippen zu umschiffen.

Falle 1: der beste Freund/die beste Freundin

Es kommt in der Regel zu Lachanfällen auf zumindest einer Seite, daher besser direkten Blickkontakt mit ihm/ihr vermeiden. Diese Person wird deinen Ausführungen auch so mit Spannung lauschen. Wenn dich die halbe Klasse zum Lachen bringt, blicke den Zuhörern nicht direkt in die Augen, sondern lass deinen Blick über deren Köpfe/Stirnen schweifen.

Falle 2: der Lehrer/die Lehrerin

Die Versuchung fast ausschließlich die Lehrkraft zu fixieren, ist natürlich groß. Du kannst hier mit Aufmerksamkeit rechnen und außerdem ist es wichtig, die Lehrkraft anzusprechen – sie gibt dir schließlich eine Note. Du solltest sie natürlich keinesfalls vergessen, aber bemühe dich, alle anderen gleichermaßen anzusehen.

Falle 3: der Rechtsdrall

Der Mensch tendiert dazu, die rechte Seite zu bevorzugen, deswegen neigt man auch dazu, beim Vortragen eher nach rechts zu schauen und die, die auf der linken Seite sitzen, zu vernachlässigen. Außerdem wird häufig die erste Reihe übersehen. Beuge dem vor, indem du deinen Blick wandern lässt – von rechts nach links und wieder zurück und immer wieder einmal auch von hinten nach vorne. So beziehst du alle in deinen Vortrag mit ein.

Wenn du beobachtest, dass einzelne Schüler in ihrer Aufmerksamkeit nachlassen, solltest du sie direkt ansehen, um sie wieder zu deinem Vortrag zurückzuholen.

Sprechgeschwindigkeit

Wenn man nervös ist – und das ist bei einem Referat fast jeder – neigt man dazu, zu schnell zu sprechen, weil man das Ganze gern schon hinter sich haben möchte. Man sollte sich also zwingen, so langsam zu sprechen, dass man selbst das Gefühl hat, man spreche viel zu langsam. Genau dann ist es in der Regel gerade richtig. Versuche auch, alles sehr deutlich auszusprechen. Die Zuhörer können die Informationen ansonsten akustisch nicht verstehen bzw. nicht schnell genug verarbeiten. Es wäre doch schade, wenn sie von deiner schönen Darbietung deshalb nicht profitieren könnten!

[A] Was musst du hinsichtlich Blickkontakt und Sprechgeschwindigkeit beachten?
Schreibe dies auf.

Körperhaltung

Probiert folgende Positionen aus und entscheidet, welche für das freie Sprechen am besten geeignet sind:

- Position 1:
  sitzend, zurückgelehnt, die Hand mit den Notizen auf dem Tisch aufgestützt, die andere auf dem Knie

- Position 2:
  stehend, die Füße ca. 20 cm auseinander, in einer Hand die Notizen, der zweite Arm locker herabhängend

- Position 3:
  sitzend, die Ellenbogen aufgestützt, Notizen in beiden Händen

- Position 4:
  auf dem Tisch sitzend, die Notizen in beiden Händen, selbige ruhen auf den Oberschenkeln

- Position 5:
  stehend, die Arme verschränkt, ein Bein vor dem anderen überkreuzt, Notizen in einer Hand

- Position 6:
  stehend, ein Bein leicht angewinkelt, die Notizen in beiden Händen

- Position 7:
  stehend, die Beine leicht gegrätscht, in einer Hand die Notizen, die zweite Hand in der Hosentasche

- Position 8:
  stehend, an den Tisch gelehnt, eine Hand ruht auf der Tischplatte, die andere hält die Notizen

Lautstärke

Selbstverständlich musst du auch laut genug sprechen. Am besten bittest du jemanden in der letzten Reihe, dir durch ein Zeichen anzuzeigen, wenn du zu leise bist.

Mimik und Gestik

Die Hand, die nicht mit dem Halten der Notizen beschäftigt ist, sollte immer wieder einmal eine Bewegung ausführen. Manchmal wird dies durch Zeigen von Anschauungsmaterial automatisch passieren, man sollte aber auch seine Worte durch passende Gesten unterstützen. Wenn man zum Beispiel etwas aufzählt, kann man mit den Fingern mitzählen, oder bei Formulierungen wie „einerseits – andererseits" kann die Hand zuerst nach links, dann nach rechts weisen.

Insgesamt sollte man versuchen, nicht erstarrt vorne zu stehen, sondern natürlich zu bleiben. Zumeist wird dein Gesichtsausdruck während des Vortrags neutral sein, aber probiere öfters dein Gesicht dem, was du sagst, anzupassen. Lächle, wenn du etwas Lustiges erzählst oder mache ein ernstes Gesicht, wenn es um problematische Dinge geht.

🅰 Was musst du hinsichtlich Körperhaltung, Lautstärke sowie Mimik und Gestik beachten? Schreibe dies auf.

Mimik- und Gestik-Training

Pantomime

Etwas pantomimisch darzustellen bedeutet, etwas zu spielen, ohne dabei zu sprechen. Die gesamte Information, alle Gefühle und die Handlung müssen in Bewegungen verpackt werden. Daher muss man sehr auf die Körpersprache und die Mimik achten. Oft ist es auch nötig bzw. günstig, die Bewegungen zu übertreiben.

Zwei von euch suchen sich jeweils eine der untenstehenden Ideen aus, oder denken sich selbst etwas aus und stellen die Handlung pantomimisch dar. Die Klasse soll nicht nur erraten, was dargestellt wird, sondern auch beurteilen, wer es besser gemacht hat und warum.

Du schälst Zwiebeln.

Du trägst zu enge Schuhe.

Du träumst gerade von etwas Schönem, als der Wecker klingelt.

Du hast ein Stück Klebeband am Finger (und später am Fuß) kleben.

Ein Käfer krabbelt auf deinem Rücken.

Du watest durch Schlamm.

Du bist draußen und es ist sehr heiß/kalt.

Du sitzt zu ersten Mal in deinem Leben auf einem Pferd.

Du spielst „Seilziehen" auf einer Party.

Du fährst bei einem rücksichtslosen Autofahrer mit.

Du baust einen Schneemann.

[A] Worauf wurde bei den „besseren" Darstellungen geachtet?

_____

_____

_____

_____

[A] Beobachte Vorträge im Fernsehen oder „live". Welche Bewegungen sind häufig bzw. deiner Meinung nach passend und gut?

_____

_____

_____

_____

Wirkungsvoll vortragen – Wortgeschichte

Am Beispiel der folgenden einfachen Geschichte, die zu den Anfangsbuchstaben des Wortes „Abenteuer" geschrieben worden ist, kann man gut sehen, wie man durch den passenden Wechsel von Sprechtempo, Stimmlage und Lautstärke Vorgelesenem Leben einhauchen kann:

> **A**n einem heißen Sommertag machten wir schließlich nach einer Wanderung an einem kleinen Flüsschen Rast.
>
> **B**equem saßen wir am Ufer und streckten die nackten Füße ins angenehm kühle Wasser.
>
> **E**lena schrie plötzlich auf und riss ihre Beine in die Höhe.
>
> **N**ahe dem Knöchel sah man auf einem ihrer Füße zwei dunkelrote Male.
>
> **T**otenbleich brachten auch wir unsere Beine in Sicherheit.
>
> **E**benda sahen wir das Ungeheuer, das sie verletzt hatte.
>
> **U**nmittelbar unter den Wurzeln eines Strauches verharrte es still im Wasser.
>
> **E**s war ein Flusskrebs, der sich im Schatten des Strauches verbarg.
>
> **R**uhig beobachteten wir das Tier eine Weile.

Der Stimmungsgehalt der einzelnen Sätze sollte beim Vortragen durch den passenden Tonfall wiedergegeben werden. Dieser setzt sich aus Sprechtempo, Stimmlage und Lautstärke zusammen.

	Tempo	Stimmlage	Lautstärke
1. Satz: eher sachlich	normal	normal	normal
2. Satz: gemütliche Stimmung	langsam	etwas höher	normal
3. Satz: Stimmungswechsel	schnell	hoch	zunehmend
4. Satz: unheimlich, ungewiss	zunehmend	etwas tiefer	etwas leiser
5. Satz: Stimmungstief	langsam	sehr tief	normal
6. Satz: _____	_____	_____	_____
7. Satz: _____	_____	_____	_____
8. Satz: _____	_____	_____	_____
9. Satz: _____	_____	_____	_____

A Findet für die letzten 4 Sätze gemeinsam einen passenden Einsatz stimmlicher Mittel! Dann versucht die Geschichte mit effektvoller Betonung laut zu lesen!

Mündliches Erzählen

Ein Schüler beginnt mit dem Erzählen und jeder fügt einen weiteren Teil hinzu. Überlege dir deinen Teil der Geschichte im Vorhinein, schreibe sie dir aber nicht vollausgeführt auf, sondern verwende die untenstehende Übersicht.

Es war einmal eine kleine Stadt in Nirgendwo, in der ein altes, baufälliges Haus stand. Trotz des entsetzlichen Zustands, in dem sich das Bauwerk befand, konnte man noch immer sehen, wie schön und herrschaftlich das Haus einst gewesen sein musste. Es hatte bereits viele Besitzer gehabt und in der Stadt kursierten unzählige Gerüchte und Geschichten, in denen das Haus und/oder seine Besitzer eine Rolle spielten. Eine Gruppe Teenager war von dem Haus fasziniert und beschloss seine Geschichte zu rekonstruieren. Zu diesem Zweck führten sie Interviews mit älteren Einwohnern der Stadt.

A Erzähle eine der Geschichten, die sie dabei zu hören bekamen.

Übersicht

Personen	Ereignisse	Ausgang
___	___	___
___	___	___
___	___	___
___	___	___
___	___	___
___	___	___
___	___	___

Eine Puzzle-Mindmap vorstellen

Ein Thema wird zunächst von der ganzen Klasse bearbeitet. Wenn die Hauptäste der Mindmap geklärt sind, findet euch zu Kleingruppen zusammen, von denen eine jede einen Ast bearbeitet. Dieser wird dann den anderen vorgestellt und die einzelnen Äste zu einem riesigen Mindmap-Poster zusammengesetzt (Platzbedarf vorher überdenken!) oder auf eine OHP-Folie bzw. an die Tafel übertragen.

Schaut mal, das bin ich!

Eine gute Methode, sich selbst vorzustellen, ist, Gegenstände zu präsentieren, die eine große Bedeutung in deinem Leben haben. Bringe folgende Dinge mit und überlege dir, was du über sie erzählen möchtest:

1. einen Gegenstand, der deine Familie repräsentiert, deinen ethnischen Hintergrund, woher deine Familie kommt, deine Kultur, was deine Familie mag oder was für sie typisch ist, oder etwas, das deinen Familiennamen darstellt;

2. ein Foto, das für dich große Bedeutung hat: eine Person, du als Baby/Kleinkind, du beim Sport/ Spiel;

3. Essen, das bedeutsam für dich ist, eventuell auch, weil du es nicht magst;

4. ein Buch, das dir wichtig ist: dein Lieblingsbuch, oder ein Buch, das ein Familienmitglied geschrieben hat, oder ein Scrapbook, das du selbst gemacht hast;

5. einen Gegenstand, der typisch für dich ist, ein Glücksbringer, eine Muschel von deinem Lieblingsstrand, Sportausrüstung, ein altes Spielzeug …

6. etwas, das du selbst gemacht hast: eine Zeichnung, eine Puppe, etwas Gestricktes/Gehäkeltes, eine Holzperlenkette etc.

Beispiel:

> Zuerst malte Christiane eine große „9" an die Tafel, in deren Kugel sie ein Teufelsgesicht zeichnete. Ihr Familienname, erklärte sie, sei nämlich „Neunteufel". Als nächstes zeigte sie uns ein Foto von ihrer Familie und stellte sie vor. Besonders viel erzählte sie von ihrem Hund, der auch auf dem Foto zu sehen war. Christiane mag gerne Salzburger Nockerl, die ihr ihre Großmutter immer kocht, wenn sie sie besucht. Ihre Oma hat ihr auch das Rezept gegeben, das sie dabei hatte. Das Buch, das sie zurzeit am liebsten hat, ist „Krabat" von Otfried Preußler. Dann zeigte uns Christiane einen indischen Sari und erzählte von ihrer Reise nach Indien mit ihren Eltern, die sie sehr beeindruckt hatte. Als letztes bekamen wir noch einen länglichen, gebogenen Stein zu sehen, den Christiane bemalt hatte.

Sich vorstellen (1)

Sich selbst vorzustellen, wird öfters von einem erwartet und sollte daher auch einmal geübt werden. Die folgenden Anregungen sollen dabei helfen. Als Variante kann man auch einen Freund oder eine Freundin vorstellen.

Einleitung und Aufhänger:

Stelle dich vor und begrüße dein Publikum. Du kannst eine lustige/interessante kurze Geschichte zur Person erzählen, um seine Aufmerksamkeit zu gewinnen.

Hauptteil:

Wähle einige Aspekte (3–5) der Persönlichkeit aus, die du für wirklich interessant hältst und bringe Beispiele oder Anekdoten dazu.

Der folgende Fragebogen soll dir einige Anregungen dafür liefern, er ist aber nicht dazu gedacht, in der Präsentation abgearbeitet zu werden!

Geburtsort: _____

Orte, an denen du gelebt hast: _____

Was, außer Menschen, Tiere und Fotos, würdest du aus deinem brennenden Haus retten? Warum?
_____
_____

Ein Ort, an dem du gerne leben würdest, und warum: _____
_____

Ein Ort, den du gerne besuchen würdest: _____
_____

Mit welcher bekannten Persönlichkeit würdest du gerne essen gehen? Wieso der/die?
_____
_____

Wenn du die Welt verändern könntest, würdest du _____
_____

In 10 Jahren möchtest du gerne _____ arbeiten.

Sich vorstellen (2)

Ein Symbol, das zu dir passt (begründe deine Wahl!). _____
_____
_____

Dein Geburtstag: _____

Das nervt dich: _____
_____
_____

Das politische Anliegen oder die politische Person, das/die besser in der Versenkung verschwinden

sollte, ist _____,

weil _____
_____

Das Zeitalter, in das du gerne eine Zeitreise unternehmen würdest, und warum:
_____
_____

Deine liebste humanitäre Organisation – was findest du an denen gut?
_____
_____

Was du an Deutschland magst: _____
_____

Schluss:

Schlage eine Brücke zum Anfang – zum Beispiel, indem du eine in der Einleitung begonnene Geschichte zu Ende bringst oder in anderer Form auf die Einleitung verweist. Dann fasse deine Präsentation noch einmal zusammen und danke deinem Publikum.

Mein Lieblingsbuch (oder Fortsetzung folgt nicht)

Du hast gerade ein Buch gelesen, das man nur empfehlen kann? Mit dieser Aktivität kannst du andere auf dein Buch neugierig machen.

- Nimm dein aktuelles Lieblingsbuch in die Schule mit und zeige es herum.
- Stelle die Charaktere darin vor und fasse die Handlung zusammen, bis du zu einer spannenden Stelle kommst.
- Lies einen Auszug aus dem Buch vor, am besten endest du mit einem „cliffhanger".

Ein Lied vorstellen

Wenn du lieber Musik hörst, als zu lesen, kannst du auch ein Lieblingslied vorstellen. Recherchiere die Eckdaten des Liedes (von wem, Erscheinungsjahr, Musikrichtung, evtl. wie erfolgreich es war, auf welchem Album es erschienen ist etc.) für die Einleitung. Im Hauptteil solltest du das Lied näher untersuchen und den Text und/oder die Musik beschreiben. Erkläre, warum du das Lied so gerne magst, und spiele es an passender Stelle vor.

Beispiel:

> Ein Lied, das ich schon lange mag, ist „Trick 17 m. S." aus dem Album „Planet Punk" von der deutschen Punk-Band „Die Ärzte". Das Lied ist schon ziemlich alt und ist auch sonst ungewöhnlich für ein Lieblingslied, denn es eignet sich weder zum Tanzen, noch zum Träumen. Zu allem Überfluss muss man auch noch ein bisschen genauer hinhören, um es gut zu finden.
>
> Der Text ist eigentlich sehr negativ, das Lied erzählt von einem Mann, der vom Pech verfolgt scheint. Er ist arm, hat einen schrecklichen Hund. Der Text des Refrains lautet: „Mein Leben ist total daneben. Ich habe nur noch einen Wunsch: Ich will sterben". Man könnte also glauben, das Lied sei sehr melancholisch und traurig, doch das Gegenteil ist der Fall: Die Musik ist beschwingt und fröhlich und es ist dieser Gegensatz zwischen dem Text und der Musik, den ich so genial finde. Wenn man das Lied hört, weiß man, dass die Sache nicht so ganz ernst gemeint ist und dass uns das Lied etwas ganz anderes sagen will, nämlich dass die Musik ihrem Text eine bestimmte Interpretation aufdrückt, der man sich nicht entziehen kann. Normalerweise stimmen Text und Musik in ihrer Aussage überein. Bei „Trick 17 m. S." wird mit dieser Gewohnheit gespielt und dadurch ein komischer Effekt erzielt. Schon der Titel des Liedes weist darauf hin und der Text ist ironisch, fast zynisch, was mir gut gefällt.
>
> Insgesamt, finde ich, ist es ein Lied mit hohem Unterhaltungswert, das völlig aus der Reihe tanzt. Es ist nicht gesellschaftskritisch wie andere Lieder, hat aber trotzdem eine Aussage. Auf unbeschwerte Weise wird die Macht der Musik demonstriert. Ich hoffe, dass es euch auch gefällt, wenn ich es euch nun zum Abschluss vorspiele.

Demonstration

Als Thema für eine Demonstration eignet sich alles, was man Schritt für Schritt, wenn möglich mit den passenden Utensilien, vorführen kann. Günstig ist es, eine Tätigkeit auszuwählen, die nicht jeder selbstverständlich kann, sondern dem Publikum etwas Neues und Interessantes zu zeigen. Mit etwas Phantasie kann man auch komplexere Themen vorführen, die umfangreiche Requisiten erfordern. Folgende Themenvorschläge sollen der Anregung dienen:

- Jonglieren
- Kampfsportarten
- Ballontiere herstellen
- Haarstecktechniken

- Fellpflege bei Haustieren
- Bauchreden
- Familienstammbaum kreieren
- Origami

Kochshow

Eine Möglichkeit, mit mehreren Personen zum selben Thema eine Demonstration durchzuführen, ist es, eine Kochshow zu veranstalten, bei der kleine Teams einfache Rezepte zubereiten, die man zum Beispiel mithilfe eines Toasters oder eines Mini-Backofens realisieren kann.

Tipps

1. Organisiere dein Material gut, sodass du alles, was du brauchst, dabei hast. Wenn du zum Beispiel eine Steckdose brauchst, suche sie, bevor deine Demonstration beginnt. Vielleicht ist ein Verlängerungskabel nötig!
2. Übe die einzelnen Schritte, sodass sie automatisiert sind.
3. Oft ist es günstig zuerst zu sagen, was man überhaupt machen will, und dann erst die einzelnen Schritte zu erklären, während man sie ausführt.
4. Lass – wenn möglich – keinen Schritt aus.
5. Manchmal ergeben sich bei der Ausführung Pausen, die man kreativ nützen sollte. So kann man zum Beispiel verschiedene Auflagen erklären, während man wartet bis der Toast braun ist.

Spontane Kurzvorträge

Einen solchen Vortrag hält man (fast) ohne Vorbereitung. Oft zieht man ein Thema und beginnt dann sofort mindestens eine Minute lang zu sprechen. An den grundlegenden Aufbau „Einleitung – Hauptteil – Schluss" sollte man sich trotzdem halten. Jeder von euch kann sich ein Thema ausdenken und dann wird eines davon gezogen. Es können aber auch die untenstehenden Themen verwendet werden:

Leben auf anderen Planeten	Lieblingsschauspieler
Eine bemerkenswerte Person	Lieblingsband
Ein lesenswertes Buch	Lieblingsstadt
Ein sehenswerter Film	Lieblingssendung
Ein bemerkenswerter Tag	Lieblingssport
Wie man fit bleibt	Lieblingstier
Wie man Schule verbessern könnte	Lieblingsauto
Wie man Weltfrieden erreichen könnte	Lieblingstag im Jahr
Wie man reich werden könnte	Was mich nervt
Kaugummi	Pizza
Nachrichten, die ich nicht mehr hören kann	Was ich an Geburtstagen nicht mag
Was ich an Schule mag	Was ich an Schule nicht mag
Was ich übers Fernsehen denke	Warum Lesen wichtig ist
Warum das Gras grün ist	Was ich über Außerirdische denke
Warum Hunde besser sind als Katzen	Warum Katzen besser sind als Hunde

Lobreden auf Alltagsgegenstände

Diese Aktivität soll Spaß machen und die Angst vor dem freien Sprechen nehmen. Man sucht sich einen nützlichen Gegenstand, den man gerne verwendet und preist seine Vorzüge an.

> Lobrede auf meinen Bleistift:
>
> Auf meinen Bleistift würde ich nie verzichten wollen, denn man kann viele Dinge mit ihm machen. Zunächst einmal kann man mit ihm schreiben – vielleicht keine richtigen Briefe, die sähen mit Bleistift ein wenig eigenartig aus, aber für die Briefe, die ich meinem Sitznachbarn in der Deutschstunde immer schicke, ist er perfekt geeignet. Ganz wichtig ist auch, dass der Bleistift sich so gut mit dem Radiergummi versteht, dass er sich mit ihm gerne verbindet und die beiden kleine Krümel erzeugen. Wer mit Bleistift schreibt, schreibt nicht für die Ewigkeit und das ist oft praktisch, zum Beispiel, wenn der Lehrer wissen möchte, was ich in meinem Briefchen über ihn geschrieben habe. Das hintere Ende eines Bleistifts ist das perfekte Ventil für nervöse Zustände, wenn ich zum Beispiel nicht weiß, was ich schreiben soll. Dann hilft mir Herumbeißen auf dem Naturmaterial Holz ganz ausgezeichnet und meine Finger werden geschont.

Grabreden auf Alltagsgegenstände

In ähnlicher Form wie Lobreden kann man auch Grabreden auf einen Alltagsgegenstand halten, der nicht mehr verwendet wird, beispielsweise Disketten, Schallplatten etc.

So könnte eine Grabrede auf die deutsche Mark beispielsweise so beginnen: „Wir nehmen heute Abschied von unserer DM. Jahrzehntelang war sie uns ein täglicher, treuer und stabiler Begleiter …"

Was ist ein Referat?

Lateinisch „referat" bedeutet „er/sie möge berichten", vom Verb „referre". Der Begriff „Referat" bezeichnet einen Sachbericht, der normalerweise mündlich gegeben wird. Es kann aber auch ein längerer schriftlicher Bericht gemeint sein.

Im Referat wird die zum Thema passende fachübliche Sachsprache verwendet, deren Spezialausdrücke erklärt werden. Man sollte das Referat aber damit nicht überladen, sondern nur die Fachausdrücke verwenden, die unbedingt gebraucht werden, sodass man das Verständnis nicht unnötig erschwert.

Der Inhalt muss auf dem aktuellen Stand des Fachgebietes sein. Man sollte also nur relativ neue Texte als Quellen benutzen, das heißt in der Regel Texte, die nicht älter als 5 bis 10 Jahre sind. Die Informationen, die man gibt, müssen natürlich auch korrekt sein. Deshalb ist es sinnvoll, die Kerninformationen zu überprüfen, also mehrere Texte zu vergleichen.

Jedes Referat ist für bestimmte Zuhörer gedacht. Der Referent muss sich überlegen, welches Vorwissen sein Publikum wahrscheinlich hat, sodass er für sein Publikum verständlich spricht und alles Nötige erklärt. Die Zuhörer sollen nach dem Referat mehr wissen als vorher. Deshalb ist es auch wichtig, nicht zu viele Informationen zu geben, da sie sonst nicht mehr aufgenommen werden können. Die Kunst ist, sich als Experte auf einem Gebiet in die Situation derer zu versetzen, die sich nicht auskennen.

A Vervollständige die Mindmap mithilfe des obenstehenden Textes und zeichne auch passende Illustrationen.

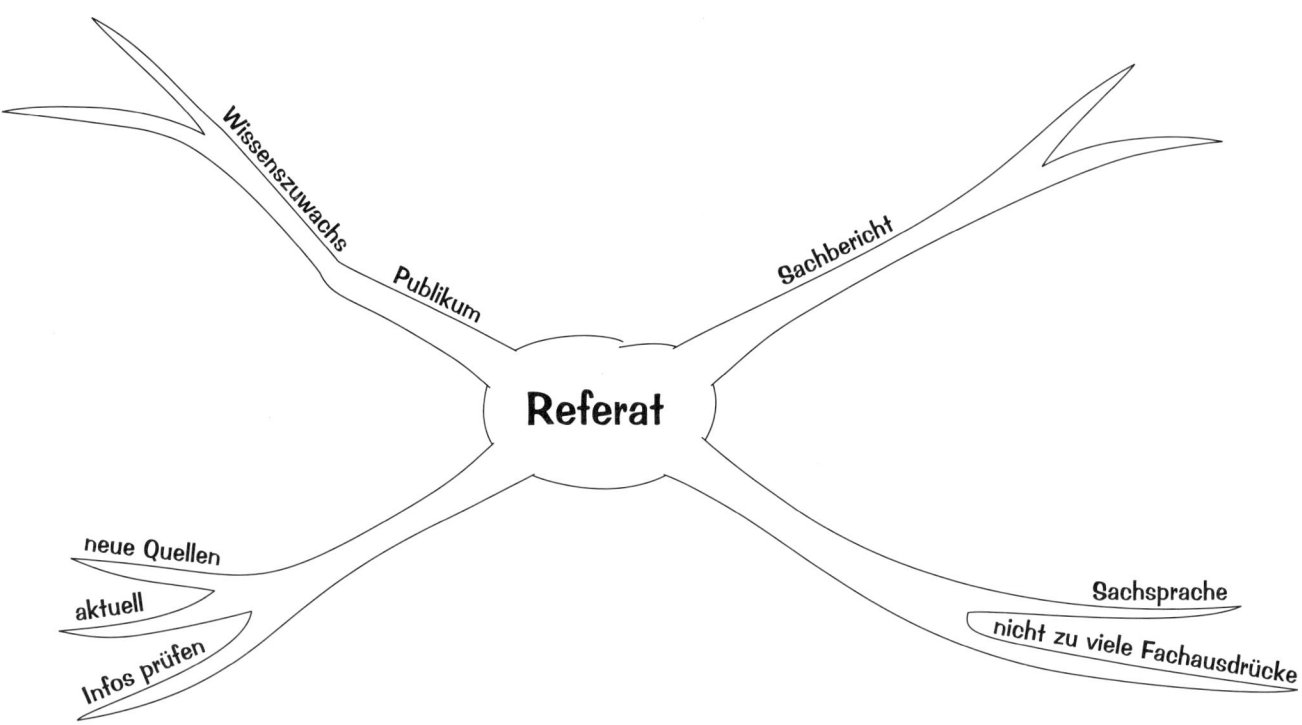

Beim Kurzreferat werden die wichtigsten Informationen zu einem eingegrenzten Thema gegeben. So wird das Thema „Fahrradfahren" zum Beispiel zu umfangreich sein und man wird eher einen Teilaspekt wie „Mountainbiking" behandeln. Es gibt keine Vorschriften, wie lange ein Kurzreferat dauern darf; sinnvoll erscheint eine Länge von 5–10 Minuten. Keinesfalls sollte der Vortrag 15 Minuten überschreiten, denn das ist die Zeit, die ein im Zuhören ungeübtes Publikum einem Sprecher folgen kann.

Talkshow

Man kann in einer Klasse ein Thema anstatt in Form eines Referats auch in Form einer Mischung von Wissensmagazin und Talkshow präsentieren. Dabei werden die einzelnen Unterpunkte von verschiedenen Sprechern übernommen, während der Moderator die Einleitung und den Schluss übernimmt. Das bedeutet, dass etliche von euch einen Kurzvortrag halten und alle Vorträge zusammen verschiedene Bereiche eines Themas beleuchten.

So könnte zum Beispiel beim Thema „Fahrrad" ein Fahrradhersteller, ein Fahrradnutzer und ein Radsportler eingeladen sein, oder es könnte ein Historiker über die Entwicklung des Fahrrads berichten etc.

- Arbeitet in Gruppen von 4–6 Mitschülern zusammen. Mehr als 5 beitragende „Talkshow-Gäste" sind nicht sinnvoll, sonst wird das Ganze zu unübersichtlich und die Zuhörer können die vielen Informationen nicht mehr aufnehmen.

- Sammelt zunächst, welche Aspekte es zu dem Thema gibt und einigt euch, welche ihr behandeln wollt.

- Dann entscheidet, welche Experten Gäste in eurer Show sein sollen, und wer die Moderation übernimmt.

- Genau wie bei einem Referat müsst ihr euch überlegen, wie der Moderator das Publikum für das Thema interessieren könnte und in welcher Reihenfolge ihr eure ausgewählten Unterpunkte präsentieren wollt.

- Gestaltet eure Show. Wo sitzen die Gäste, wie/wann kommen sie auf die Bühne, welche Musik begleitet eventuell ihren Auftritt?

- Jeder arbeitet nun für sich seinen Vortrag aus und perfektioniert seinen Auftritt.

- Spielt die Show gemeinsam durch.

- Kamera ab!

Leben und Wirken von ...

Wähle eine interessante Person aus, über die du sprechen willst. Das kann jemand sein, den du bewunderst, jemand aus deiner Umgebung, eine historische Persönlichkeit oder ein fiktionaler Charakter aus einem Film oder einem Buch.

Überlege, wo du Informationen und Material über die Person finden kannst. Vergiss nicht, dass Interviews mit dem Betreffenden und seinem Umfeld oder schriftlicher Kontakt oft möglich sind und häufig sehr lebendige Eindrücke ergeben.

Versuche möglichst viele ungewöhnliche und überraschende Tatsachen zu deiner Person zusammenzutragen, sodass dein Referat für deine Zuhörer spannend ist.

Vorschläge für den Aufbau deines Referats:

1. Einleitung

Als Einleitung für dieses Referat eignet sich eine Anekdote oder ein Zitat etc. besonders gut. Vergiss nicht, den Namen der Person und eventuell deine Beziehung zu ihr den Zuhörern mitzuteilen.

2. Hauptteil

Ein paar Ideen für die Unterpunkte deines Hauptteils:

- Bedeutung (was tut er/sie, was hat er/sie getan, wer ist er/sie, welche Rolle hat er/sie in einem Buch gespielt)
- etwas Besonderes zur Person
- zu welcher Zeit er/sie gelebt hat/lebt
- ein typischer Tag im Leben der Person
- Charakteranalyse

3. Schluss

Zusammenfassung, eventuell ein Zitat oder eine Lehre, die aus dem Leben der Person gezogen werden kann

Karteikarten zu „Leben und Wirken von Homer Simpson"

Einleitung

- gelb, dick, kahlköpfig, vulgär
- Springfield, Sicherheitsinspektor im AKW
- mit Marge Simpson 3 Kinder: Tunichtgut Bart, Intellektuelle Lisa, Baby Maggie

Hauptteil (1)

- Grundbedürfnisse: essen, trinken, fernsehen (Donuts, faul auf Sofa)
- apathisch bei der Arbeit, schläft ein, Beinah-Kernschmelzen
- nicht ausdauernd, gibt bei Problemen auf

Familie egal
- Moes Taverne / Duff Bier > vergisst Maggie auf Spielplatz
- drastische Wutausbrüche > würgt Bart
- vermietet Lisas Zimmer an Telefongesellschaft
- keine Manieren, blamiert Familie (exklusive Party, Schlägerei)

Hauptteil (2)

Doch Familie Zentrum
- Marge: harmonische Ehe, loyal (Zitat: „Jetzt weiß ich endlich was ich dir bieten kann, Marge – völlige und nie endende Abhängigkeit")
- Bart: neues Rad, der gleiche Sinn für Humor, Verbündete
- Maggie: alle ihre Zeichnungen aufgehängt, spielt mit ihr
- Lisa: berührende Beziehung, Versuche sich anzunähern, neues Saxophon, Museumsbesuch, 2 Jobs – Pony

Hauptteil (3)

- sympathisch wegen guter Absichten, nicht gemein
- setzt sich für Gemeinschaft ein
- organisiert Patrouille als Polizeichef entlassen
- reißt einem als Präsident verkleideten Alien Maske ab, rettet alle

Schluss

Springfield: häufiger Städtename > Simpsons = amerikanische Durchschnittsfamilie,
Homer = typischer Amerikaner: Gesundheit egal, politisch unkorrekt, aber Lebensfreude, Bemühen ein guter Vater zu sein, gute Absichten

A Vergleiche die Karteikarten mit dem Text. Kann man mit ihrer Hilfe den Text gut vortragen? Wo siehst du Probleme?

Leben und Wirken von Homer Simpson

Er ist gelb, kahlköpfig, dick und vulgär: Homer Simpson, der Vater der Familie Simpson. Ihr wisst sicherlich, dass er in Springfield wohnt und dort im AKW als Sicherheitsinspektor im Sektor 7G arbeitet, obwohl er für diese Arbeit nicht qualifiziert ist. Mit der geduldigen Marge Simpson hat er drei Kinder: den Tunichtgut Bart, die Intellektuelle Lisa und das etwas unheimliche Baby Maggie.

Auf den ersten Blick dreht sich Homers Leben nur um seine Grundbedürfnisse, die da sind: essen, trinken, fernsehen. Er liebt Donuts und lässt sich völlig von seinen diversen Gelüsten leiten. Einen großen Teil seiner Zeit verbringt er faul auf dem Sofa vor dem Fernseher. Er ist bei der Arbeit ziemlich apathisch und schläft meistens ein, was ein paar Mal zu Beinahe-Kernschmelzen führt. Außerdem ist er überhaupt nicht ausdauernd und wenn er Neues ausprobiert, lässt er es sofort wieder, sobald die ersten Probleme auftauchen. Seine Familie scheint ihm egal zu sein. Er sitzt fast jeden Tag in Moes Taverne, betrinkt sich mit Duff-Bier und vergisst darüber einmal sogar Maggie, die er nebenan am Spielplatz gelassen hat. Immer wieder hat er drastische, impulsive Wutausbrüche, bei denen er beispielsweise seinen Sohn Bart würgt. Weiterhin vermietet er das Zimmer seiner Tochter Lisa einfach an eine Telefongesellschaft. Er hat keine Manieren und ist für seine Familie oft peinlich, beispielsweise als er auf einer exklusiven Party, zu der Bart geladen war, in eine Schlägerei verwickelt ist.

Doch der oberflächliche Eindruck täuscht: Homers Familie ist das Zentrum seines Lebens, auch wenn er sich für sie zeitweise nicht zu interessieren scheint. Er führt eine glückliche Ehe mit seiner Frau Marge und ist 100 % loyal, wie er selbst erkennt: „Jetzt weiß ich endlich was ich dir bieten kann, Marge – völlige und nie endende Abhängigkeit." Um seinen Sohn Bart sorgt er sich, kauft ihm beispielsweise ein neues Rad. Die beiden haben den gleichen Sinn für Humor und verbünden sich des Öfteren bei nicht ganz legalen Aktionen. Sie bringen einander einen gewissen Respekt für ihre Ideen entgegen. Auch wenn Homer Baby Maggie selbst oder hin und wieder ihren Namen vergisst, hat er doch alle ihre Zeichnungen an seinem Arbeitsplatz aufgehängt und spielt mit ihr. Homer und seine Tochter Lisa schließlich verbindet eine besonders berührende Beziehung. Viele Episoden drehen sich um Homers Versuche seiner klugen und idealistischen Tochter näherzukommen. So kann Homer Lisas Saxophon nicht leiden, aber er kauft ihr ein neues, nachdem er es ihr kaputt gemacht hat. Ihr zuliebe lässt er einen Museumsbesuch über sich ergehen und nimmt sogar zwei Jobs an, damit er seiner Tochter ein Pony ermöglichen kann.

In seiner Kindheit legte Homer durchaus intelligente Züge an den Tag, mutierte aber dann irgendwann zum Trottel. Seine Dummheit, Unwissenheit und Vergesslichkeit wird nur gelegentlich von kurzen intelligenten Episoden unterbrochen.

Homer ist auch deshalb sympathisch, weil er gute Absichten hat. Er würde niemals absichtlich etwas Gemeines tun. Wenn es wirklich wichtig ist, setzt er sich auch für die Gesellschaft ein. In einer Folge gründet er eine Bürgerwehr für die Stadt, weil der Polizeichef gefeuert worden war, und ein anderes Mal, als ein Alien sich als Präsident verkleidet, reißt er ihm auf einer Versammlung die Maske ab und rettet alle, obwohl ihm zuvor niemand geglaubt hatte.

Springfield ist ein häufiger Name amerikanischer Städte, in fast jedem Bundesstaat gibt es ein oder mehrere Springfields. Die Simpsons stehen damit für die amerikanische Durchschnittsfamilie und die Serie nimmt deren Lebensstil und ihre Werte aufs Korn. Homer ist *der* typische Amerikaner. Er kümmert sich nicht um seine Gesundheit, kritisiert gern andere und ist politisch völlig inkorrekt, doch das alles ist unwichtig in Anbetracht seiner Lebensfreude. Seine negativen Eigenschaften verblassen auch neben seinem konstanten Bemühen ein guter Vater zu sein und seinen guten Absichten. Homer Simpson ist also besser als sein Ruf und das erklärt, warum wir ihn lieben.

Quellen: http://de.wikipedia.org/wiki/Homer_Simpson
http://en.wikipedia.org/wiki/Homer_Simpson
http://zitate.net/homer%20simpson.html
Leslie Felperin "Blue hair days", The Guardian, August 10, 2000

Buchbesprechung

Dies ist ein absoluter Klassiker unter den Referaten.
Hier ein paar Hinweise, wie du deine Buchbesprechung unterhaltsam und anregend gestalten kannst.
Übrigens: Diese Liste muss nicht vollständig abgearbeitet werden!

Einleitung: Stelle das Buch vor:
- Welche Art von Buch ist es (Krimi, Roman, etc.)?
- Wer hat es geschrieben?
- Wann ist es erschienen bzw. wie alt ist es?
- Nenne eine interessante Anekdote zum Buch/seiner Entstehung.

Informationen zum Autor/zur Autorin: Bei den Angaben zum Autor solltest du auswählen, damit es nicht zu viel wird. Um das Geburts-/Todesjahr kommt man in der Regel nicht herum, ansonsten suche ein paar interessante Fakten heraus.

Inhaltsangabe: Fasse den Inhalt nur ganz kurz zusammen, wenige Sätze sollten genügen, denn eine detailreiche Inhaltsangabe überfordert die Aufmerksamkeit deines Publikums, das über kurz oder lang den Faden verlieren und sich dann langweilen wird.

Charaktere: Sprich lieber ein wenig über die Personen, die im Buch eine Rolle spielen und erzähle, wie sie sind.

Ort/Zeit der Handlung: Wo und wann spielt das Buch?

Themen: Welche zentralen Themen bestimmen die Handlung?

Aussage: Warum hat der Autor / die Autorin deiner Meinung nach das Buch geschrieben? Was wollte er/sie uns zeigen?

Tipps

- Wähle eine kurze Passage zum Vorlesen aus: So kommen deine Zuhörer und Zuhörerinnen direkter mit dem Buch in Kontakt
- Vielleicht kannst du an passender Stelle die eine oder andere Illustration aus dem Buch zeigen, oder ein anderes Bild, das zum Beispiel die Landschaft zeigt, oder die Zeit illustriert, in der das Buch spielt.

Schluss: Fasse die Hauptaussage des Buches noch einmal zusammen
Was gefällt dir so gut an dem Buch, dass du es vorstellen wolltest?

Auswählen am Beispiel „Tintenwelt"

Autorin
- Cornelia Funke
- * 10.12.1958, Dorsten, NRW
- Lebte in Hamburg, jetzt Los Angeles
- Diplompädagogin, Buchillustratorin
- Illustrationen > selbst schreiben
- „Clara" – Anekdote
- Bücher in 37 Sprachen übersetzt
- 2005: 100 einflussreichste Menschen
- Auszeichnungen
- Theateradaptionen/Verfilmungen
- Mann Rolf Frahm mit 58 an Krebs gestorben
- 2 Kinder

Publikationsgeschichte
- Tintenherz 2003
- Tintenblut 2005
- Tintentod 2007
- Titel lange unklar: Tintensaat, Tintenrot, Das Lied des Eichelhähers
- viele Auszeichnungen
- erst Tintentod in Spiegel-Bestsellerliste (Platz 1)

Zitate aus der
- Weltliteratur
  - Nietzsche
  - Wilde
  - Eichendorff
- Kinder-und Jugendliteratur

Umsetzungen
- Verfilmung
- Theateradaptionen
- Hörbuch
- Brettspiel

Tintenwelt

Charaktere
- Meggie Folchart
- Mortimer Folchart
- Teresa Folchart
- Elinor Loredan
- Staubfinger
- Farid
- Capricorn
- Mortola
- Basta
- Fenoglio
- Orpheus
- Darius
- der Natternkopf
- Violante

Themen
- Freundschaft
- Liebe
- Eifersucht
- (Vor-)Lesen
- Bücher
- Künstler

literarische Einordnung
- Die unendliche Geschichte
- Harun und das Meer der Geschichten
- Der Schatten des Windes
- Die Stadt der träumenden Bücher

Handlung
„Herauslesen" von Figuren aus einem Buch führt dazu, dass Meggie, ihr Vater Mo und ihre Mutter Resa in dem Buch landen und dort die Geschichte weiter gestalten

A Unterstreiche mit Textmarker, welche Informationen in das Referat aufgenommen worden sind.

Cornelia Funkes „Tintenwelt"-Trilogie – Beispiel-Buchbesprechung (1)

Zum Buch

Die „Tintenwelt"-Trilogie ist eine Fantasy-Romanreihe von der deutschen Kinder- und Jugendbuchautorin Cornelia Funke. Der erste Band der Trilogie „Tintenherz" erschien 2003, der zweite „Tintenblut" 2005 und der letzte 2007, wobei der Titel bis zuletzt unklar blieb. Die Autorin entschied sich nach Varianten wie „Das Lied des Eichelhähers", „Tintensaat" oder „Tintenrot" schließlich für „Tintentod".

Über die Autorin

Cornelia Funke wurde 1958 in Nordrhein-Westfalen geboren. Sie arbeitete zunächst als Buchillustratorin und kam dadurch selbst zum Schreiben. Ihren Durchbruch hatte sie mit dem Buch „Herr der Diebe", das deshalb ins Englische übersetzt wurde, weil sich ein zweisprachig aufgewachsenes Mädchen namens Clara beim Verleger der „Harry Potter"-Romane beschwerte, dass ihre englischen Freundinnen ihr deutsches Lieblingsbuch nicht lesen könnten. So wurde Cornelia Funke international bekannt und ihre Werke sind mittlerweile bereits in 37 Sprachen übersetzt worden. Vielleicht kennt ihr ihre Bücher „Die wilden Hühner" oder „Drachenreiter". Seit 2005 lebt sie nicht mehr in Hamburg, sondern in Los Angeles.

Inhaltsangabe

Die „Tintenwelt"-Trilogie handelt von der zauberhaften mittelalterlichen Tintenwelt im Buch „Tintenherz". Mortimer Folchart, genannt „Mo", ein Buchbinder hat daraus seiner Frau Resa und seiner Tochter Meggie vor 9 Jahren laut vorgelesen. Mo hat allerdings eine magische Begabung: Er kann Figuren aus Büchern „herauslesen", sodass diese dann in der realen Welt leben, und so geschieht es, dass sich die bösen Charaktere Capricorn und Basta und der Feuerschlucker Staubfinger in unserer Welt wiederfinden. Zum Ausgleich sind Resa und zwei Katzen plötzlich verschwunden. Viele Jahre lang passiert nichts und Mo traut sich nicht mehr vorzulesen aus Angst, er könnte auch noch seine Tochter verlieren. Dann taucht Staubfinger wieder auf und warnt Mo, dass Capricorn und Basta sich Mos Exemplar von „Tintenherz" bemächtigen wollen, um eine weitere mächtige böse Figur herauslesen zu lassen. Mo versucht das Buch vor den Verbrechern zu verstecken, da Resa wahrscheinlich darin steckt. Damit beginnt eine Serie von Abenteuern, aber schließlich kann Meggie, die ihres Vaters magische Begabung geerbt hat, mit der Hilfe des Autors von „Tintenherz" Fenoglio alles zum Guten wenden und Resa zurückbringen.

Der zweite Band „Tintenblut" beginnt damit, dass Staubfinger Sehnsucht nach seiner Welt hat und sich von einer anderen „Zauberzunge", einem Mann namens Orpheus, zurücklesen lässt. Doch Basta ist hinter ihm her und Staubfingers Lehrling Farid lässt sich von Meggie, die er liebt, in die Tintenwelt lesen, um ihn zu warnen. Im weiteren Verlauf landen alle Protagonisten, die wir aus dem ersten Band kennen, in der Tintenwelt und kämpfen dort gegen das Böse in Gestalt des Natternkopfs, eines bösen Fürsten. Auf der Seite der Guten lernen wir den Schwarzen Prinzen und seine Gefolgsleute kennen. Staubfinger spielt in diesem Band eine große Rolle und wird als Kenner der Tintenwelt zum Helfer.

Der dritte Teil dreht sich neben weiteren Abenteuern um den Konflikt zwischen Meggies Mutter Resa, die in die reale Welt zurückkehren will und ihrem Vater Mo, der in der Tintenwelt bleiben will. Mo ist inzwischen unter dem Namen „Eichelhäher" zu einer Art Robin Hood der Tintenwelt geworden. Parallel dazu verläuft die Auseinandersetzung zwischen dem Autor Fenoglio und dem Plagiator Orpheus, der Fenoglios Welt nach seinen Vorstellungen umzuschreiben versucht. Abermals kann Meggie durch das Lesen von Fenoglios Texten das Blatt wenden. Als der Kampf gegen den Natternkopf schließlich gewonnen ist, beschließen Mo, Resa und Meggie mit in der Tintenwelt zu bleiben.

Cornelia Funkes „Tintenwelt"-Trilogie – Beispiel-Buchbesprechung (2)

Themen

Beziehungen sind ein zentrales Thema des Buches. Meggie spielt in einigen Konstellationen eine Rolle. Die enge Beziehung zu ihrem Vater und später zu ihrer zurückgekehrten Mutter und ihre sich verändernde Liebe zu Farid werden genau beleuchtet. Farid und Staubfinger haben eine besondere Bindung zueinander, die sich im Verlauf dermaßen intensiviert, dass beide auf unterschiedliche Art ihre Frauen verlassen. Nicht zuletzt sieht man am Konflikt um das Verbleiben in der Tintenwelt viel von der Beziehung zwischen Mo und Resa. Unerwiderte Gefühle treiben die Handlung ebenso an, wie zum Beispiel die Liebe der Tochter des Natternkopfes zu Cosimo, der seinerseits Staubfingers Tochter Brianna liebt.

Weiterhin spielen das Lesen, das Schreiben und Bücher eine zentrale Rolle. Vorlesen, herauslesen, hineinlesen und umschreiben bestimmen die Handlung. Mo wird vom Natternkopf gezwungen, ein Buch zu binden, das töten und unsterblich machen kann, und Fenoglio muss als Autor um den Fortbestand seiner Welt kämpfen und dafür gegen Orpheus anschreiben. Durch Lesen und Schreiben kann man Dinge beeinflussen und verändern. Der Künstler hat die Fähigkeit die Welt zu gestalten.

Ich habe dieses Buch für meine Buchvorstellung gewählt, weil das Buch sehr spannend geschrieben ist, und es immer wieder zu unvorhersehbaren Wendungen kommt. Die Tintenwelt mit ihren vielen zauberhaften Geschöpfen wird so gut geschildert, dass man verstehen kann, warum Staubfinger dorthin zurück will, bzw. warum Mo und seine Familie schließlich dort bleiben.

Die beiden Kernthemen – zwischenmenschliche Beziehungen und Gefühle wie Liebe oder Eifersucht einerseits und die Wirkung von Büchern und dem Lesen andererseits – sind beide faszinierend und zu einer packenden Geschichte verwoben.

Zum Abschluss möchte ich euch noch einen kleinen Auszug daraus vorlesen:

    (z. B.: Anfang von „Tintenherz" bis „Der Besuch ist für mich")

Quellen: http://de. wikipedia.org/wiki/ Cornelia_Funke
              http://de.wikipedia.org/wiki/Tintenwelt-Trilogie
              Cornelia Funke „Tintenherz", Tintenblut", „Tintentod", alle Cecilie Dressler Verlag, Hamburg 2003/2005/2007

Bewertungsbögen Referat

Bewertung des Referats von _____

durch _____

Teilaspekt: **INHALT**

1 = nein, nicht wirklich
2 = teilweise / manchmal
3 = ja, völlig

War die Einleitung interessant gestaltet?	1	2	3
Was war gut / nicht gut?			

Scheint sich der Sprecher gut auszukennen?	1	2	3
Warum (nicht)?			

Waren die Detailpunkte gut gewählt / informativ / interessant?	1	2	3
Was war (nicht) günstig gewählt?			

Hast du etwas Neues / Interessantes gelernt / erfahren?	1	2	3
Was war interessant / nicht so spannend?			

Das hat mir generell an deinem Referat gut gefallen:

_____

_____

Bewertungsbögen Referat

Bewertung des Referats von _____

durch _____

Teilaspekt: **VORTRAG**

1 = nein, nicht wirklich
2 = teilweise / manchmal
3 = ja, völlig

Spricht der Vortragende frei?	1	2	3
Kommentar:			

Schaut der Vortragende sein Publikum an?	1	2	3
Worauf ist der Blick gerichtet?			

Bewegt er sich im Raum oder benutzt die Hände?	1	2	3
Was ist dir aufgefallen?			

Wirkt der Gesichtsausdruck offen und lebendig?	1	2	3
positive / negative Anmerkungen			

Das hat mir generell an deinem Referat gut gefallen:

_____

_____

_____

Bewertungsbögen Referat

Bewertung des Referats von _____

durch _____

Teilaspekt: **SPRACHE**

1 = nein, nicht wirklich
2 = teilweise / manchmal
3 = ja, völlig

Ist die verwendete Sprache einfach und klar?	1	2	3
positiver / negativer Kommentar:			

Spricht der Vortragende flüssig ohne „ähs" und „ähms"?	1	2	3
Anmerkungen:			

Wird das Referat laut und klar vorgetragen?	1	2	3
Kommentar:			

Sind die drei Teile bzw. die Unterpunkte klar getrennt?	1	2	3
Das ist mir aufgefallen:			

Das hat mir generell an deinem Referat gut gefallen:

_____

_____

Was ist eine Präsentation?

„Präsentation" kommt von lateinisch „praesentare", was „gegenwärtig machen" bedeutet. In einer Präsentation wird ein Produkt, eine Idee, eine Firma, oder auch ein Thema in besonders aufbereiteter Form vorgestellt. Sehr häufig wird dabei nicht nur Information weitergegeben, sondern auch Überzeugungsarbeit geleistet. Im Gegensatz zum Referat muss die Präsentation der Sache gegenüber nicht neutral bleiben. Wichtig ist, dass trotzdem ausgewogen und nicht einseitig präsentiert wird, damit das Publikum sich nicht überredet, sondern überzeugt fühlt.

Die Sprache ist daher sachlich und bedient sich der notwendigen Fachausdrücke, darf jedoch hin und wieder auch wertende Ausdrücke, wie zum Beispiel „interessant", „gelungen" oder „sehenswert" enthalten. Direkt anpreisende Sprache aber ist hier fehl am Platz.

Ein unerlässliches Element einer Präsentation ist die visuelle Unterstützung. Ob nun Bilder, Poster, OHP-Folien oder Power-Point ist unwichtig, solange es etwas zu sehen gibt. Sehr gerne werden bei entsprechenden Themen Statistiken oder Grafiken verwendet. Auch akustisches Material in Form von Musik oder anderen Aufnahmen kann eingesetzt werden. Gegenstände können ebenfalls mitgebracht und gezeigt werden.

Gerade wenn man überzeugen will, muss man sich gut auf das Publikum einstellen. Wenn man einem Vortrag nicht richtig folgen kann, wird man sich schwer tun, den darin aufgestellten Behauptungen Glauben zu schenken. Der Präsentator muss sich also gut überlegen, welches Vorwissen das Publikum (nicht) hat, in welcher Reihenfolge man seinen Ausführungen am besten folgen kann und was er mit dem Vortrag erreichen möchte.

Häufig schließt sich an eine Präsentation eine Diskussion oder Fragerunde an.

A Vervollständige die Mindmap mithilfe des Textes und zeichne auch passende Illustrationen.

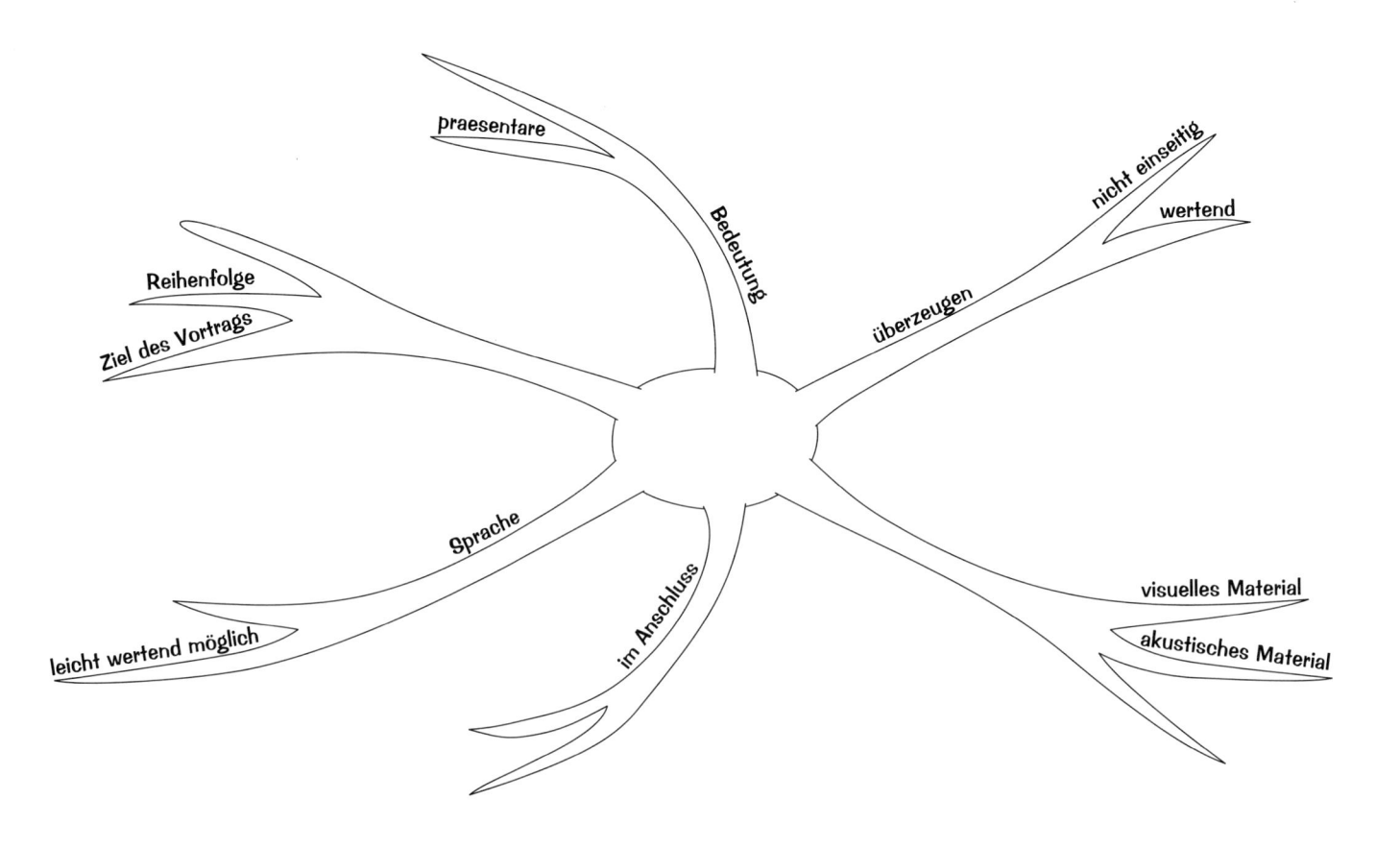

Produktpräsentation

Stelle ein Produkt vor. Du kannst eines wählen, das existiert und das du gerne verwendest und gut kennst, oder eines erfinden: Entweder, weil du keine Werbung für ein reales Produkt machen willst, oder weil es ein solches Produkt deiner Meinung nach geben sollte.

Bringe wenn möglich das Produkt oder einen Prototyp/ein Bild davon mit, oder zeige ein Video, in dem man sieht, wie das Produkt verwendet wird. Du kannst natürlich den Gebrauch einfach vorführen und das in deinen Hauptteil einbauen.

Einleitung:

Stelle das Produkt vor
- Wofür wird es verwendet?
- Wie sieht es aus?
- Was findest du gut daran?

Für den Hauptteil gibt es viele Möglichkeiten; wähle aus den untenstehenden Ideen aus, was bei deinem Produkt interessant ist:
- Geschichte des Produktes
- Herkunft des Produktes
- Produktionsprozess
- Rohmaterial
- (Vorführung der) Verwendung
- diverse Arten des Produkts
- Zubehör
- Vor- und Nachteile des Produktes
- Umweltverträglichkeit
- Philosophie, die mit dem Produkt verbunden ist
- etc.

Als Abschluss kannst du dein Produkt herumreichen.

Vergiss nicht, sprachlich relativ neutral zu bleiben – eine Präsentation ist keine Reklameveranstaltung!

Karteikarten zu „3D-Drucker für den Hausgebrauch"

Einleitung

Dreidimensionale Gegenstände aus Computerdaten

Tröpfchenweise aufgetragen
- zerriebenes Material verklebt
- geschmolzenes Plastik

0,05–0,1 mm

VIDEO

Hauptteil (1)

Bisher: Prototypen

Jetzt:
- für zu Hause, Bausatz oder fertig (MakerBot, RepRap)
- Größe eines Brotlaibs
- Bis zu 2 Farben (Spulen)

2 BILDER VON DRUCKERN

- Online-Druckservice: Daten schicken, industrielle Drucker, Versand

Hauptteil (2)

Anwendung:
Zahnersatz, Sitzbänke, Spielzeug, Modellbau
Beweise in Forensik, Fossilien, Duplikate von Kunstwerken
Unterhaltungsindustrie
Künstler

BILDER PASSEND DAZU ZEIGEN

Hauptteil (3)

- Bedeutung wie Internet
- Individuelles günstig, weniger Massenproduktion
- Kinder > Spielzeug, eigene Idee > Produkt
- Welt des Designs revolutioniert
- Produktentwicklung demokratisiert und beschleunigt

Hauptteil (4) (kann weggelassen werden)

- Etliche Modelle gedruckt bevor zufrieden
- Berge von Plastikmüll
- ABS-Plastik (Lego) – verrottet nicht   LEGOSTEIN ZEIGEN
- PLA – kompostierbar   PLASTIKTÜTE AUS PLA ZEIGEN

Schluss

- Innovation, die Leben bereichert
- derzeitige Probleme scheinen lösbar
- neue Ära in technologischer Entwicklung

A Vergleiche die Karteikarten mit dem Text. Kann man mit ihrer Hilfe den Text gut vortragen? Wo siehst du Probleme?

3D-Drucker für den Hausgebrauch (1)

Ich möchte euch erklären, was ein 3D-Drucker ist und was man damit alles machen kann. Mit einem 3D-Drucker kann man dreidimensionale Gegenstände aus auf Computern gespeicherten Daten erzeugen, in einem Prozess, der ähnlich wie das Drucken von Bildern im Drucker verläuft. Dabei wird zu Pulver zerriebenes Material punktweise aufgetragen und verklebt oder Plastik geschmolzen und dann tröpfchenweise abgelagert. Die Tröpfchen haben 0,05–0,1 mm im Durchmesser. Wie das vor sich geht, sieht man in dem Video:

(Dieses Video ist unter www.commons.wikimedia.org zu finden, wenn man „hyperboloid Print.ogv" eingibt)

Solche Geräte gibt es schon seit 20 Jahren und sie wurden bislang hauptsächlich zur Herstellung von Prototypen eingesetzt. Neuerdings gibt es sie schon ab 1000 Euro für zu Hause. Die Drucker sind als Bausätze oder als fertige Produkte erhältlich, zum Beispiel von RepRap und MakerBot. Man kann damit Objekte in der Größenordnung eines Brotlaibes drucken. Bei MakerBot gibt es sogar schon ein eigenheimtaugliches Modell, das mit zwei verschiedenfarbigen Spulen arbeitet und so mehrfarbige Objekte ermöglicht. So sehen die aus:

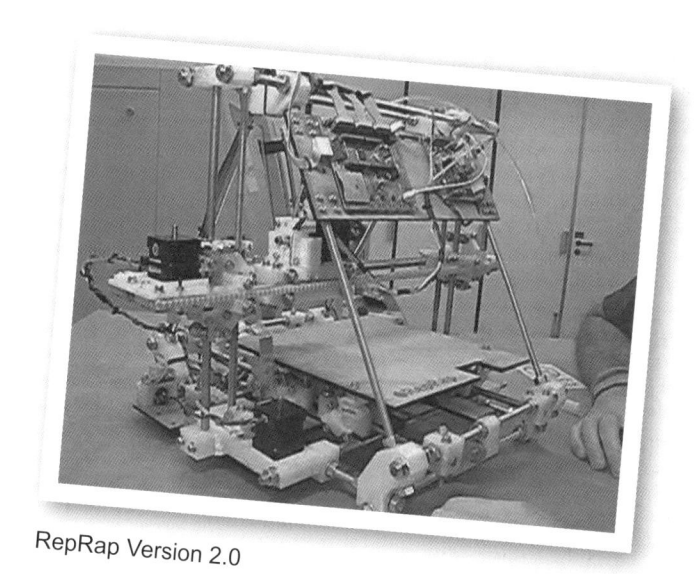

MakerBot

RepRap Version 2.0

Alternativ dazu bzw. für größere Projekte bieten etliche Firmen auch Online-Druckservice an. Die Kunden müssen nur ihre Designdaten hochladen, dann werden die Produkte von industriellen Druckern gedruckt und den Kunden zugesandt.

Der Anwendung sind keine Grenzen gesetzt, von Zahnersatzherstellung, über Spielzeug und Modellbau bis zu Sitzbänken aus Sandstein kann man alles drucken. Auch zur Rekonstruktion von beschädigtem Beweismaterial in der Forensik, bzw. von zerfallenen Fossilien oder um Duplikate von Kunstwerken herzustellen, lässt sich die Methode nutzen. Anwender können ihrer Fantasie freien Lauf lassen, was sicher auch die Unterhaltungsindustrie beflügeln wird. Seit kurzem verwenden Künstler diese neue Technik. So bedient sich beispielsweise die Modeschöpferin Iris van Herpen eines 3D-Druckers, um ihre Haute-Couture Kreationen zu verwirklichen.

3D-Drucker für den Hausgebrauch (2)

Das 3D-Drucken wird unsere Welt aller Voraussicht nach ebenso stark verändern wie das Internet. Es wird möglich sein, Individuelles günstig herzustellen, was die Massenproduktion zurückdrängen wird. Im Prinzip muss man sich nur noch dieses eine Gerät kaufen, um alles produzieren zu können, was man möchte oder braucht. Kinder können sich ihr eigenes Spielzeug kreieren und jeder kann seine Idee in ein Produkt verwandeln und dieses über Internet verbreiten. Produkte können einfach und schnell verbessert werden und die Produktentwicklung wird allen zugänglich sein und durch das Zusammenkommen vieler Ideen beschleunigt werden.

Ein Problem der schönen neuen Welt könnte allerdings der Müll werden. Es werden von vielen Dingen wahrscheinlich mehrere Modelle gedruckt werden, bis man mit dem Ergebnis zufrieden ist. Berge von Plastikmüll könnten die Folge sein. Die Hersteller müssten darauf unbedingt achten. Im Moment gibt es zwei Hauptsorten von Kunststoffen, die für 3D-Drucker angeboten werden: ABS-Plastik, das ist der Kunststoff, aus dem Lego-Steine gemacht werden, und PLA. Letzteres ist weniger problematisch, weil es kompostierbar ist. ABS verrottet allerdings nicht und könnte zum Entsorgungsproblem werden.

Zusammenfassend sind 3D-Drucker eine spannende Innovation, die unser Leben bereichern wird. Die Probleme, die im Moment noch damit verbunden sind, erscheinen lösbar und so können wir uns vielleicht tatsächlich auf den Beginn eines neuen Abschnitts in der technologischen Entwicklung freuen.

Quellen:
„Print me a Stradivarius – How a new manufacturing technology will change the world" (The Economist, February 10, 2011)
„CES 2012:3D printer makers' rival visions of future"(www.bbc.uk/news/technology, January 11, 2012)
de. Wikipedia.org/wiki/Digital Fabricator
en. Wikipedia.org/wiki/3D_printing

Meine Lieblingsstadt / Meine Heimatstadt

Stelle die Stadt, in der du wohnst, oder auch eine Stadt, die du aus irgendeinem Grund sehr gut kennst, vor. Wenn ihr alle in einer größeren Stadt wohnt, bietet es sich an die Unterpunkte als eigene Präsentationen zu vergeben. So spricht ein Schüler über kulturelle Veranstaltungen, ein anderer über die Sehenswürdigkeiten etc.

A Sammle Informationen zu den folgenden Themen:

- Tourismus
- Sehenswürdigkeiten
- Besonderheiten
- Geschichte, wichtige Ereignisse
- Umgebung/Landschaft
- Basisdaten (geografische Lage, Größe, Einwohnerzahl, evtl. Stadtteile)
- Infrastruktur
- (kulturelle) Veranstaltungen

Wähle nun sorgfältig aus, über welche Punkte du sprechen willst. Suche dabei nach Ungewöhnlichem, nach Dingen, die dich selbst faszinieren, oder die dich überrascht haben.

In der **Einleitung** solltest du wenn möglich die Basisdaten unterbringen und einen spannenden Aufhänger bieten.

Überlade den **Hauptteil** nicht mit zu vielen Informationen. Gerade bei Städten ist die Gefahr groß, nach Vollständigkeit zu streben. Es ist aber für die Zuhörer viel besser und interessanter, zum Beispiel über eine Sehenswürdigkeit Genaueres zu erfahren, als wenn alle Sehenswürdigkeiten aufgezählt werden.

Du kannst dir auch überlegen, das Publikum auf eine virtuelle Reise durch die Stadt mitzunehmen, bei der du an ein paar Punkten Station machst. Ein Stadtplan mit der Route bietet dafür die Grundlage und kann als immer wieder kehrende optische Unterstützung oder als „Hintergrunddekoration" verwendet werden.

Wenn du nicht schon in der Einleitung erklärt hast, was dir an dieser Stadt gut gefällt, kannst du das nun zum **Schluss** tun. Fasse auf jeden Fall noch einmal zusammen, worüber du gesprochen hast.

Auswählen am Beispiel „Meine Heimatstadt"

Stillensteinklamm

Eisenbahnviadukte (längstes der Donauuferbahn)

Sportanlagen (Schwimmen, Tennis, Eislaufen, Turnhalle)
Kino
Kaffeehäuser, Gasthäuser

Strudengau
Strudel/Wirbel
Lotsen
Stadtwappen
Schwalleck
Halterkeuz

Schloss Greinburg
Arkadenhof
Schifffahrtsmuseum
Rittersaal, Prunkräume
Steinernes Theater

Kirche
außen gotisch
innen barock
Altargemälde
Ölberg-Szene

Panholz
Lehen
Letten

GREIN

Oberösterreich
Grenze zu Niederösterreich
Mühlviertel

Stadtplatz:
Altes Rathaus mit Stadttheater
– ältestes/original
– Sperrsitze, Vorhang
Biedermeiercafe/Hof
barocke Gebäude
Meggau-Brunnen

Tourismus:
Donauradweg
Kultur
Atmosphäre

Stadterhebung
1491
Friedrich III

Donau:
breite Stelle
Motorboot-WM
Hochwasser
Schutzmaßnahme

🅐 Markiere mit Textmarker, welche Aspekte der Stadt Grein in die Präsentation aufgenommen wurden!

Man sieht, dass es über Grein wesentlich mehr zu berichten gäbe, als in den wenigen Minuten möglich ist. Es ist bei den meisten Themen erforderlich eine Auswahl zu treffen und nicht zu versuchen, alles unterzubringen.
Die wichtigsten Fragen dafür sind:
- Welche Basisinformationen müssen vorkommen? (Geographische Angaben)
- Was würde mich interessieren? (hier: Stadttheater, Stadtwappen/Geschichte, Steinernes Theater)
- Wie kann ich drei sinnvolle Unterpunkte damit gestalten?
- Wie kann ich die Punkte eventuell verbinden? (hier: Schloss Greinburg) Passen die Punkte zueinander?

Meine Heimatstadt (1)

Ich möchte euch eine kleine Stadt in Österreich vorstellen, die Grein heißt. Es ist die östlichste Stadt Oberösterreichs und die drittälteste Siedlung des Mühlviertels (das ist eines der vier Viertel Oberösterreichs).

Hier habe ich ein Bild des Stadtwappens. Was könnte die Darstellung darauf bedeuten?

Das werde ich euch gleich als erstes erklären, weil es mit der Geschichte der Stadt zu tun hat. Dann möchte ich noch etwas zu den Bauwerken und dem kulturellen Leben in dieser Stadt sagen.

Ansicht mit Pfarrkirche

Grein liegt an der Donau und bildet den Eingang zum Flussabschnitt „Strudengau". Der Name kommt von den Strudeln, die es in der Donau gab, bevor zu Beginn des 20. Jahrhunderts die sie verursachenden Felsen gesprengt wurden. Die Tatsache, dass Strudel und Wirbel den Schiffern das Leben schwer machte, sorgte dafür, dass Grein früher eine sehr bedeutende Siedlung war, denn dieser gefährliche Flussabschnitt begann gleich unterhalb der Stadt. Alle Schiffe legten in Grein an und nahmen Lotsen an Bord, die die tückischen Felsen unter der Wasseroberfläche kannten und den Schiffen einen Weg hindurch wiesen. Auf dem Stadtwappen sieht man ein solches Boot mit einem Lotsen an Bord. Da Grein für damalige Verhältnisse wirklich groß war und aus damaliger Perspektive eine glänzende Zukunft vor sich hatte, wurde es von Kaiser Friedrich III Barbarossa 1491 zur Stadt erhoben und so kommt es, dass das heutige Grein mit seinen bescheidenen 3000 Einwohnern eine Stadt ist.

Strudengau

Im Oberösterreichischen Schifffahrtsmuseum auf Schloss Greinburg kann man sich die Geschichte der Flussschifffahrt anhand von vielen Modellen und Originalexponaten ansehen, womit wir bei Schloss Greinburg wären. Neben dem Stadtplatz mit seinen barocken Fassaden und dem Stadttheater, auf das ich später noch zu sprechen kommen werde, ist Schloss Greinburg das wichtigste Bauwerk der Stadt. Die beeindruckende vierseitige Burg, die zuletzt im 17. Jahrhundert umgebaut wurde, verfügt im Inneren über einen wunderschönen dreistöckigen Arkadenhof und beherbergt einige Prunkräume und den Rittersaal, dessen Wände voll von Portraits von Rittern und Adeligen sind. Der faszinierende Raum

Stadtplatz

Meine Heimatstadt (2)

allerdings befindet sich in ihren hohen Katakomben. Dort kann man das nur durch Oberlichter erhellte Steinerne Theater besuchen – ein Saal, der innen vollständig mit verschiedenfarbigen, runden Steinen aus der Donau verkleidet ist.

Schloss Greinburg

Arkadenhof

Das Schloss wird häufig für Veranstaltungen genutzt wir, was uns zum dritten Punkt, dem kulturellen Leben bringt. Es gibt zahlreiche Ereignisse wie Konzerte, Aufführungen, Lesungen, Märkte, Filmvorführungen oder Installationen. Kultur ist den Greiner Bürgern schon immer wichtig gewesen und so haben sie einen Getreidespeicher, der an das Rathaus angrenzte, zu einem Theater umgebaut, das bis heute bespielt wird und damit das älteste Theater im deutschen Sprachraum ist, das noch in Betrieb ist. Es ist auch eines der kleinsten: nur 200 Personen finden auf den noch original erhaltenen Sperrsitzen vorne, den Bänken weiter hinten und auf dem Balkon Platz.

Ich hoffe, ich konnte euch meine Heimatstadt mit ihrer Geschichte, ihren Bauwerken und ihrer Kultur ein bisschen näherbringen und habe euch Lust gemacht, sie zu besuchen und zum Beispiel an einer der vielen Veranstaltungen teilzunehmen.

Stadttheater

Bewertungsbogen Präsentation

Bewertung der Präsentation von _____

durch _____

Teilaspekt: **INHALT**

1 = nein, nicht wirklich
2 = teilweise / manchmal
3 = ja, völlig

War die Einleitung interessant gestaltet?	1	2	3
Was war gut / nicht gut?			

Scheint sich der Sprecher gut auszukennen?	1	2	3
Warum meinst du das (nicht)?			

Konnte der Sprecher dich für das Thema begeistern?	1	2	3
Was war interessant / nicht so spannend?			

Wurden die Punkte im Hauptteil verständlich präsentiert?	1	2	3
Was würdest du umstellen?			

Das hat mir generell an deiner Präsentation gut gefallen:

_____

_____

_____

Bewertungsbogen Präsentation

Bewertung der Präsentation von _____

durch _____

Teilaspekt: **VORTRAG**

1 = nein, nicht wirklich
2 = teilweise / manchmal
3 = ja, völlig

Spricht der Vortragende frei oder liest er ab?	1	2	3
Kommentar:			

Schaut der Vortragende sein Publikum an?	1	2	3
Worauf ist der Blick gerichtet?			

Bewegt er sich im Raum oder benutzt die Hände?	1	2	3
Was ist dir aufgefallen?			

Wirkt der Gesichtsausdruck offen und lebendig?	1	2	3
positive / negative Anmerkungen			

Das hat mir generell an deiner Präsentation gut gefallen:

_____

_____

_____

Bewertungsbogen Präsentation

Bewertung der Präsentation von _____

durch _____

Teilaspekt: **SPRACHE**

1 = nein, nicht wirklich
2 = teilweise / manchmal
3 = ja, völlig

Ist die verwendete Sprache einfach und klar?	1	2	3
positiver / negativer Kommentar:			

Spricht der Vortragende flüssig ohne viele „ähs"/„mmhs"?	1	2	3
Anmerkungen:			

Wird das Referat laut und klar vorgetragen?	1	2	3
Kommentar:			

Ist immer klar, wo man gerade in der Präsentation ist?	1	2	3
Das ist mir aufgefallen:			

Das hat mir generell an deiner Präsentation gut gefallen:

_____

_____

_____

Bewertungsbogen Präsentation

Bewertung der Präsentation von _____

durch _____

Teilaspekt: **VISUELLE ODER ANDERE HILFSMITTEL**

1 = nein, nicht wirklich
2 = teilweise / manchmal
3 = ja, völlig

Wurden die Hilfsmittel an passender Stelle eingesetzt?	1	2	3
Warum war x hier beeindruckend / unpassend?			

Waren sie übersichtlich gestaltet / eindeutig / verständlich?	1	2	3
positiver / negativer Kommentar:			

Waren sie hilfreich / interessant?	1	2	3
Das war gut / nicht so gut:			

Das hat mir generell an deiner Präsentation gut gefallen:

_____

_____

_____

Lösungen

Seite 9:
Vorschläge: Bibliothek/Bücherei, Fernsehen, Zeitungen, Internet, Schulbücher, öffentliche Einrichtungen (Ämter, Tourismus-Büros), Interviews/Umfragen, Vereine

Seite 11 f. am Beispiel von „Recherche im Internet":

1) Optimum: das Günstigste, das Beste; Generierung/generieren: hervorbringen; relevant: wesentlich, erheblich; ad-hoc: augenblicklich

2) Absatz 1: Einleitung, 2: Suchbegriffe finden, 3: Kombination von Suchbegriffen, 4: Metasuchmaschinen, 5: weitere Suchmöglichkeiten, 6: Suchbegriffe auf Webseiten wiederfinden, 7: gefundene Angaben überprüfen, 8: nicht abschreiben
Abschnitte: Einleitung (1); Arbeit mit Suchbegriffen/Suchmaschinen (2, 3); weitere Möglichkeiten der Suche (4, 5, 6); Umgang mit Informationen aus dem Internet (7, 8)

3) Bei diesem Text ist Punkt 3 nicht wirklich relevant.

4) Suchbegriffe vorher überlegen – Suchbegriffe kombinieren – Vorsicht mit Übernehmen von Informationen/Texten

Seite 14:
Interesse, Grundlegendes, drei zueinander passende Begriffe …

Seite 15:
A. Einleitung – kurze Darlegung des Themas, etwas, das die Aufmerksamkeit des Publikums gewinnt, z. B.: eine Anekdote, B. Hauptteil; 1. Unterpunkt – Erläuterung – Beispiel(e), 2. Unterpunkt – Erläuterung – Beispiel(e), 3. Unterpunkt – Erläuterung – Beispiel(e), C. Schluss – Zusammenfassung

Seite 18:
Plakat/Poster: Bilder zeigen, Eindruck geben, um einen Überblick zu geben
OHP: eignet sich gut für Veränderungen, weil man Folien übereinanderlegen kann – vor allem, wenn kein Beamer/Computer verfügbar ist
Power-Point: Entwicklung/Veränderung zeigen, Tabellen/Diagramme, Bilder, Überblick geben
Tafel: aufschreiben, skizzieren
Handout/Thesenpapier: etwas mitgeben
Tonaufnahmen, Video/DVD: kurzer Ausschnitt

OHP: weiße Wand, Steckdose in der Nähe
Power-Point: Beamer, Computer/Laptop, Steckdose, weiße Wand oder interaktives Whiteboard
Fernseher etc.: passende Steckdose; Lautsprecher

Seite 19:
Nur wenige Stichpunkte, nicht zu viel Text, große Schrift – das Wichtigste hervorheben – übersichtliche Gestaltung, grafische Elemente – Platz interessant unterteilen – rund um den Text viel Platz lassen

Seite 21:
Position 2 ist die empfohlene: Sicherer Stand vermittelt Selbstvertrauen, die freie Hand kann uneingeschränkt das Gesagte unterstützende Bewegungen ausführen. Position 6 könnte man im Sinne von Standbein/Spielbein ebenfalls in Erwägung ziehen.

Von sitzenden Positionen ist generell abzuraten, sie wirken unprofessionell und desinteressiert – zu bequem macht es sich der Vortragende (Positionen 3,4), vor allem, wenn er sich zurücklehnt und so die Distanz zu seinem Publikum vergrößert (Position 1). Leicht vorgebeugt ist zumindest besser und eignet sich z. B. für Bewerbungsgespräche, die zumeist im Sitzen geführt werden. Natürlich sollte man sich auf gar keinen Fall hinter seinen Notizen verstecken (Position 3). Das Überkreuzen der Arme und/oder Beine wirkt geschlossen und abweisend, außerdem steht man mit überkreuzten Beinen eher wackelig (Position 5). Völlig verpönt sind natürlich die Hände in den Hosentaschen, das wirkt sehr leger und wenig ernsthaft, das Publikum will hingegen ernst genommen werden (Position 7). Wenn sich der Vortragende abstützt, lässt das den Schluss zu, dass er auch im übertragenen Sinne eine Stütze braucht, wodurch er nicht souverän erscheint (Position 8).

Lösungen

Seite 23:

Vorschlag: 6: unheimlich – langsam – tief – leiser, 7: unheimlich – zunehmend – tief – zunehmend, 8: Stimmungswechsel – normal – höher – zunehmend, 9: eher sachlich – normal – normal – normal

Seite 32:

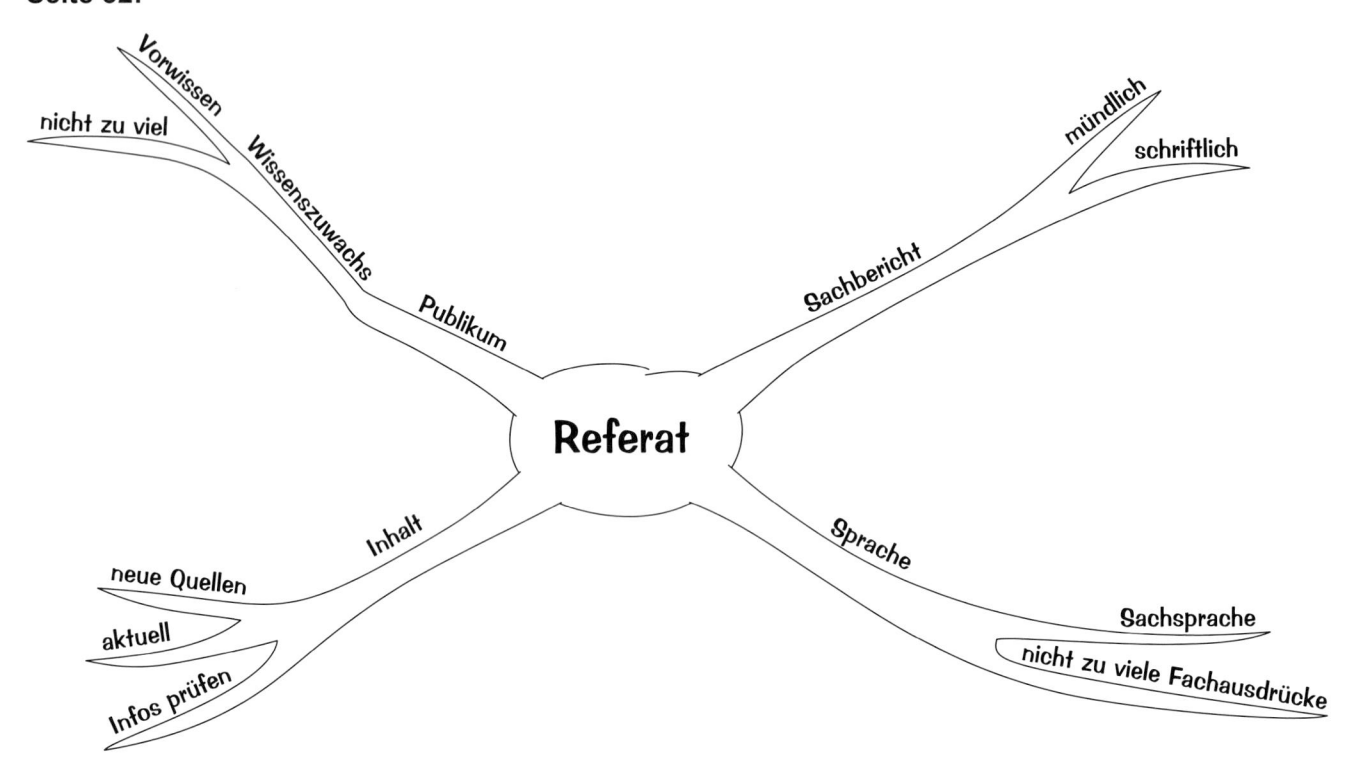

Referat (Mindmap):
- Publikum → Vorwissen (nicht zu viel), Wissenszuwachs
- Sachbericht → mündlich, schriftlich
- Sprache → Sachsprache, nicht zu viele Fachausdrücke
- Inhalt → neue Quellen, aktuell, Infos prüfen

Seite 44:

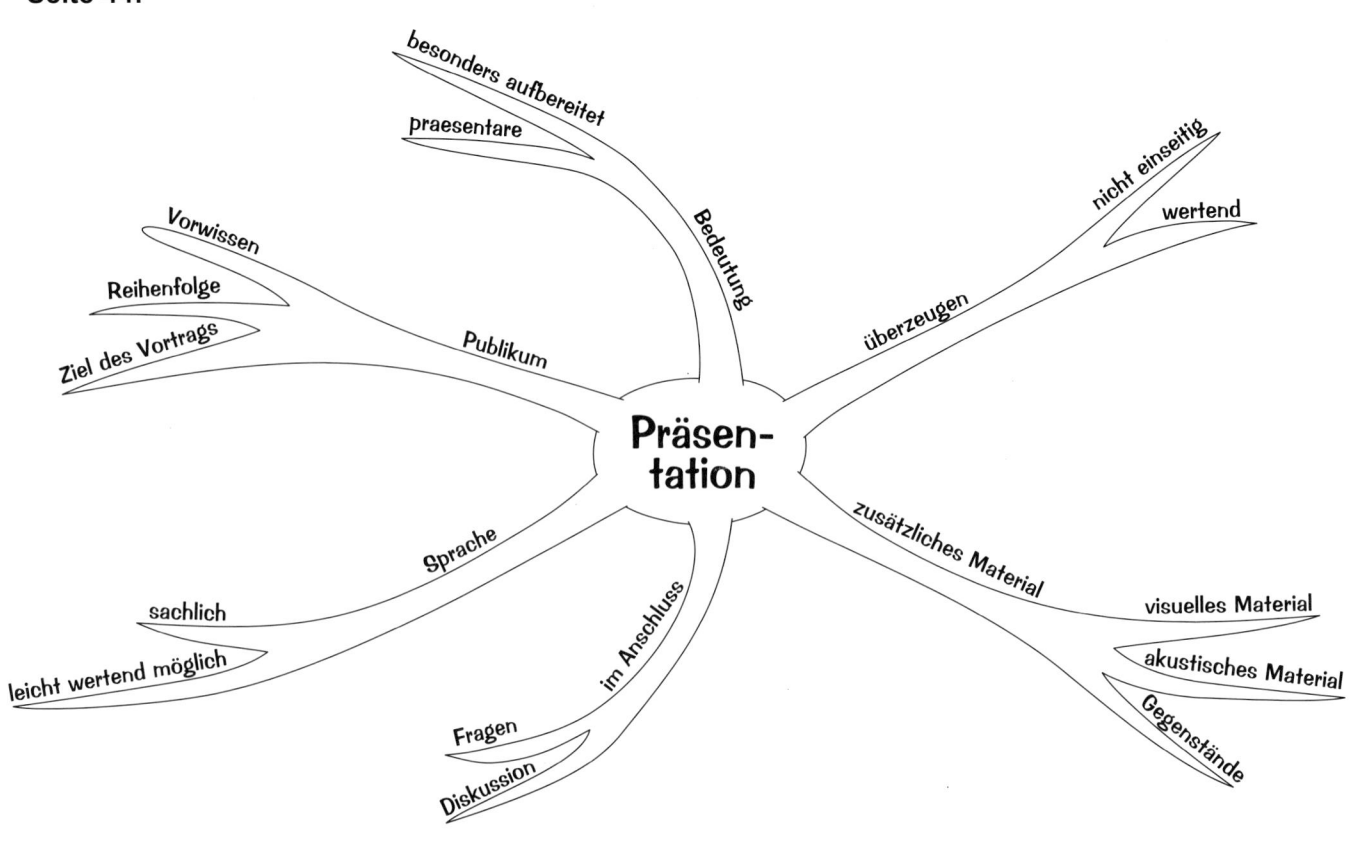

Präsentation (Mindmap):
- Bedeutung → besonders aufbereitet, praesentare
- Publikum → Vorwissen, Reihenfolge, Ziel des Vortrags
- überzeugen → nicht einseitig, wertend
- zusätzliches Material → visuelles Material, akustisches Material, Gegenstände
- im Anschluss → Fragen, Diskussion
- Sprache → sachlich, leicht wertend möglich

Bildquellenverzeichnis

Seite 47

Maker Bot: © Bre Pettis, Wikimedai Commons, lizensiert unter Creative Commons-Lizenz Namensnennung 2.0 US-amerikanisch (nicht portiert)
URL: http://creativecommons.org/licenses/by/2.0/deed.de

RepRap: © CharlesC, Wikimedia Commons, lizensiert unter Creative Commons-Lizenz Namensnennung-Weitergabe unter gleichen Bedingungen 3.0 Unported
URL: http://creativecommons.org/licenses/by-sa/3.0/de/deed.de

Seite 48

Kette: © Photography & Artwork: Atelier Ted Noten

Laptop: © ALoopingIcon, lizensiert unter Creative Commons-Lizenz Namensnennung-Weitergabe unter gleichen Bedingungen 3.0 Unported
URL: http://creativecommons.org/licenses/by-sa/3.0/de/deed.de

Seite 52

Stadttheater: © Greiner123, lizensiert unter Creative Commons-Lizenz Namensnennung-Weitergabe unter gleichen Bedingungen 3.0 Unported
URL: http://creativecommons.org/licenses/by-sa/3.0/de/deed.de

Neue Unterrichtsideen für das Gymnasium!

Tanja Haase
Sprechen – Darstellen – Vortragen
Kleine Szenen und Texte für den Deutschunterricht am Gymnasium

Schüler der Klasse 5/6 haben häufig noch große Schwierigkeiten, Texte flüssig und überzeugend vor einem Auditorium vorzutragen: Sie sind gehemmt und wissen nicht, wie sie sich verhalten sollen. Texte zu lesen, auswendig vorzutragen und mimisch und gestisch möglichst überzeugend zu unterstützen ist Bestandteil des Lehrplans und Grundlage für spätere Präsentationen in allen Fächern wie auch für das spätere Unterrichtsfach Darstellendes Spiel. Da der Lehrer in der Regel wenig Zeit hat, geeignete Texte zusammenzustellen, findet er hier eine Vielzahl unterschiedlicher, fantasievoller dramatischer und nichtdramatischer Texte, die die Schüler aus der Reserve locken und anhand derer sie lernen können, sich vorteilhaft ins rechte Licht zu setzen.
So vermitteln Lehrer ihren Schülern die Freude am ausdrucksvollen Vortragen von Texten und Inhalten!

Buch, 91 Seiten, DIN A4
5. und 6. Klasse
ISBN 978-3-403-23173-8

Genia Gutter
Praktische Theaterarbeit am Gymnasium
Grundlagen – Inszenierungskonzepte – Texte

Das Fach Darstellendes Spiel soll sowohl Wissen rund ums Theater vermitteln als auch ganz praktisch in der Zusammenarbeit mit den Schülern theatrale Darstellungsformen zur Aufführung bringen. Das stellt Lehrer wie Schüler vor besondere Herausforderungen. Der Lehrer findet hier einen Leitfaden, der sowohl theoretisches Hintergrundwissen (aus Praxissicht) vermittelt als auch die praktische Umsetzung im Unterrichtsalltag behandelt. Das betrifft sowohl Stückauswahl und -bearbeitung, Schulung der schauspielerischen Fähigkeiten der Schüler als auch Regiearbeit des Lehrers und die besonderen Herausforderungen des Schultheaters. Anhand zweier Stücke, deren Texte komplett vorliegen, wird die konkrete Arbeit mit den Schülern und deren Umsetzung exemplarisch erläutert.
Der praxisorientierte Leitfaden für das Fach Darstellendes Spiel!

Buch, 83 Seiten, DIN A4
7. bis 10. Klasse
ISBN 978-3-403-232220-9

Bergedorfer® Grundsteine Schulalltag

Dr. Stefan Seitz, Petra Hiebl
Mobbing – Prävention und Intervention
Ein Praxisleitfaden für das Gymnasium

Mobbing – ein großes Problem in der heutigen Zeit. Um Mobbing unter Schülern zu erkennen, richtig zu intervenieren und diesem frühzeitig vorzubeugen, benötigen Lehrer Hilfe und Lösungsstrategien. Dieser Band bietet dabei Unterstützung. Nach einer kurzen theoretischen Einführung über die Ursachen und Hintergründe von Mobbing erhalten Lehrer die nötigen Arbeitsmittel wie z. B. Verhaltensverträge für die Handlungsfelder Schule und Klasse sowie für die persönliche Schüler-Lehrer-Ebene. Diese enthalten sowohl Informationen und Anleitungen für die Lehrkräfte als auch Kopiervorlagen zur kurz- und mittelfristigen Prävention und Intervention. Mediationsverfahren, Checklisten und die CD mit editierbaren Kopiervorlagen runden das Paket ab.
So geben Lehrer Mobbing keine Chance!

Buch, 110 Seiten, DIN A4
5. bis 10. Klasse
ISBN 978-3-403-23221-6

Ursula Oppolzer
Lernstrategien entwickeln
Methodentraining für den Unterricht am Gymnasium

Eigenverantwortliches und effektives Lernen wird bei den Schülern der 5./6. Klasse am Gymnasium vorausgesetzt, doch nur wenige Schüler sind bereits mit Lernstrategien vertraut. Mithilfe der Arbeitsblätter dieses Bandes bringen Lehrer die „Neulinge am Gymnasium" auf einen vergleichbaren Stand. Nachdem die Schüler anhand von Fragebögen eine Selbsteinschätzung vorgenommen haben, werden ihnen die Grundtechniken des Lernens verständlich gemacht und mögliche Lernstrategien aufgezeigt. So können Schüler selbstständig die für sie am besten passende Strategie auswählen und mithilfe von Tests zum Lernverhalten und zur Ergebnissicherung überprüfen, ob ihnen die ausgewählte Methode hilft. Konzentrations-, Gedächtnis- und Körperübungen komplettieren das Buch.
So lernen Schüler das Lernen!

Buch, 76 Seiten, DIN A4
5. und 6. Klasse
ISBN 978-3-403-23171-4

Unser Bestellservice:

Das komplette Verlagsprogramm finden Sie in unserem Online-Shop unter

www.persen.de

Bei Fragen hilft Ihnen unser Kundenservice gerne weiter.

Deutschland: ✆ 0 41 61/7 49 60-40 · Schweiz: ✆ 052/366 53 54 · Österreich: ✆ 0 72 30/2 00 11